buch & media

Frank Bruno Wild

Der Amethyst

Novellistische Studie

buch & media

Weitere Informationen über den Verlag und sein Programm:
www.buchmedia-publishing.de

Originalausgabe
Mai 2018
Buch&media Publishing, München

Umschlaggestaltung: Franziska Gumpp
unter Verwendung eines Bilds von © flickr.com/Kevin Rheese
Gesetzt aus der Sabon LT
ISBN print 978-3-95780-129-6
ISBN epub 978-3-95780-133-3
ISBN pdf 978-3-95780-134-0
Printed in Germany

»Eine Melodie aus Nicht-Sein
Füllt die Leere
Frühlingssonne
Schneeweiße, helle Wolken
Klarer Wind«

Daido Ichi'i (gest. 1370)

Inhalt

Jonas

Jonas Kälin brühte gerade seinen zweiten Kaffee, als er bemerkte, dass die hundertfünfzig Jahre alte Wanduhr, die von einem seiner Urahnen stammte, die er immer sorgfältig gepflegt, intensiv studiert und wie seinen Augapfel betreut hatte, nur noch schwächlich und bald gar nicht mehr zu hören war. Zwar hatte er diesen Vorgang schon öfter erlebt, aber diesmal schien alles anders. Er verstieg sich sogar zu der Vorstellung, dass die Uhr mit hämischem Ächzen verklungen war.

Zumal jeder spätere Versuch, sie neu zu starten, indem er sich zäh und beharrlich mühte, sie aufzuziehen, ihr das schlagende Gleichmaß zurückzugeben, von Misserfolg beschieden war und endlich gab er es auf, obgleich innerlich wütend über sich und seine Niederlage, sich dieser Uhr, die sich ihm, wie er meinte, mit starrem Willen widersetzte, weiterhin zu widmen. Jonas war es, als ob die Uhr in ihrem Widerstreben Freude hätte, weil sie ihm in beispielloser Weise trotzte, ihm einfach darin nicht mehr folgte, die Zeit noch länger durch ihre dumpfen, monotonen Schläge anzuzeigen.

Wobei ihm selbst ein Einblick in ihr Gehäuse nicht viel weiterhalf. Ein interessierter Laie wie er bemerkte nur, dass das Uhrenpendel, als ein bislang zuversichtlich hin- und herschwingendes Werkzeug der Zeitenmessung, ihm seinen Dienst versagte. Die eigentlichen Gründe blieben unbekannt.

Immerhin aber hatte Jonas entdeckt, dass sich der Uhrenschlüssel nur bis zu einem bestimmten Grade drehen ließ, ohne dass das Pendel wieder schwingen wollte.

»Vielleicht«, ereiferte er sich nicht ohne Selbstironie, »liegt die Bockigkeit der Uhr doch in ihren zahnradgetriebenen Funktionen und nicht in einer Willensentscheidung begründet? Womöglich ist sie tatsächlich irgendwo zwischen energiespendendem Federhaus auf der einen und dem Zeitbalancesystem von Hemmungsrad, Anker und *Unruh* auf der anderen Seite mechanisch kollabiert?«

Da ihn deren sonores Geräusch jedoch sein ganzes Leben lang begleitet und ein großes Maß an Vertrautheit erzeugt hatte, wollte Jonas auch in Zukunft nicht darauf verzichten. Er brauchte dringend einen Expertenrat und überlegte, wann er wieder in die Stadt aufbrechen konnte, um die mit vielen Erinnerungen verbundene Uhr, die schon seinen Altvorderen die Tageszeit verraten hatte, einem sachverständigen Uhrenfachmann und Freund zu übergeben.

Bei dieser Pendelwanduhr, die dem frühen 18. Jahrhundert entstammte, handelte es sich um ein Exemplar aus der Schule George Grahams. Jener altenglische Tüftler war bei der Verfeinerung der *Unruh* schon sehr weit vorangekommen. Bis auf wenige Zehntelsekunden hatte er sich dem genähert, was man exakte Zeitbestimmung nennen mochte.

»Am nächsten Samstag breche ich mit dem Einspänner auf, um in St. Moritz zum alten Reto Jeger zu fahren«, sagte Jonas zu sich. »Wir wollen doch mal sehen, ob er der Uhr nicht wieder neues Leben einzuhauchen versteht.« Der mit allen Wassern gewaschene Spezialist würde schon die richtigen Mittel besitzen, um das außer Takt geratene Räderwerk des alten Erbstücks neu zu starten.

Reto war ein alteingesessener Einwohner von St. Moritz. Er galt als Hort der Lebensklugheit und der Zuverlässigkeit. Von den Bürgern wurde er als ein Mann geachtet, dessen Wort sie gerne annahmen und ihn als Uhrmacher schätzten. Aus diesem Verhältnis hatte er insofern Kapital schlagen können, als er inzwischen zum Bürgermeister des kleinen Ortes aufgestiegen war und sich nach Kräften um dessen Belange kümmerte. Dazu zählte insbesondere die Einrichtung eines kleinen Kneipp- und Heilbades, das aus den umliegenden Seen gespeist wurde und die ganze Hoffnung des Ortes auf einen wenn auch spärlichen Tourismus war. Die kreislauffördernde und erkältungsmindernde Energie des Wassers war seit den Erfolgen Sebastian Kneipps in Oberbayern und Schwaben auch im Engadin kein Geheimnis mehr.

Angeblich hatte sich Kneipp ja selber mit Wasserbädern von der Tuberkulose geheilt. Seit seinem Erweckungserlebnis in den späten 1840er Jahren konnte er zahllose Erfolge mit Tuberkulose- und Cholerakranken feiern, ohne völlig den Ruf zu verlieren, womöglich doch ein Kurpfuscher zu sein. In St. Moritz jedenfalls wollte man allein an die positiven Seiten des Kneippbadens anknüpfen und Gästen einen zudem ruhigen, gepflegten Platz des Wohlbefindens bieten.

*

Dieses Ansinnen ist in der überwältigenden Landschaft des Engadins schon allein dadurch begründet, dass es dort eine Reihe urwüchsiger Seen zu besichtigen gilt, die als Silser-,

Silvaplaner-, St. Moritzer- und Champfèrersee bekannt sind.

Das Seenplateau auf 1800 Metern Höhe liefert stets neue, frische, die Erholung fördernde Impulse. Wanderern öffnen sich weite Perspektiven, ausfächernde Fantasieräume anregend, wenn sie neben den Gewässern die kolossalen Gipfel der umliegenden Berge bewundern.

Bedecken im Winter fladenhaft-dicke, glaziale Flächen die Landschaft, fühlt man sich in Epochen zurückversetzt, als riesige Eispanzer große Teile des Planeten unter einem kalten, dichten Firn verbargen. Das Eis vermag es dann, sämtliche Bewegung zum Stillstand zu bringen und die Landschaft in eine gigantische weiße Skulptur zu verwandeln.

Dann herrscht die totale Dekonstruktion, die Rückwärtsgewandtheit des Augenblicks. In solchen Zeiten kehrt in vielen Bergregionen des Engadins eine so archaische Erhabenheit zurück, wie sie vor der Kambrischen Explosion bestanden haben mag, einer weit zurückliegenden Epoche, als sich die Fauna in ersten mühseligen Versuchen gerade zu entwickeln begann.

Der St. Moritzersee liegt unmittelbar und in weit ausladender Pose vor der Stadt. Unweit davon erstreckt sich der idyllische Champférersee in der Nähe des gleichnamigen Dorfes. An einer schmalen Stelle ist er mit dem Silvaplanersee verbunden, der vom Inn durchflossen wird. Dort bläst der gleichförmig strömende Malojawind, Geschwindigkeiten von bis zu 80 km/h entfaltend.

Jonas konnte ihn oft hautnah spüren, während er auf dem See fischte und schwere Forellen ins Bootsinnere hob. Nichts belastete ihn dann, nichts brachte ihn aus dem Gleichgewicht. Er ruhte in sich selbst, verspürte eine unvergleichliche Gelassenheit, ohne sich über die Begrenztheit solcher Augenblicke zu betrügen.

»Das muss nicht immer so sein!«, sagte er sich mit stoischem Gleichmut.

Auf der Seenplatte befand er sich gerne, wenn er über Dinge nachdachte, die sein Leben oder die Arbeit betrafen und ihn zu besonderen Entscheidungen zwangen. Der Blick auf die umliegende Landschaft spornte ihn jedes Mal dazu an, sich seinen inneren Beweggründen zu stellen, bewusst innezuhalten, den Fluss der Reflexion zu bremsen. Denn die Wälder und Gebirge, die bis zum Horizont die Seen umsäumten, sie abzirkelten und an weiterer Ausdehnung hinderten, schienen ihm dafür zu sprechen, dass jeder Gedanke einmal endet.

In den Wipfeln zirkulierten zarte Sirenenwirbel wie blasse Stimmen aus ferner Zeit. Ein sanfter, aber wie von einem unbekannten Willen ausgesandter Hauch tupfte den einsamen Fischer, ließ ihn kurzerhand verharren, als wolle sich der expansive Drang des Universums an diesem Ort besinnen, als könne sich der Stillstand des Denkens und der Hast hier zuletzt verdichten. Kaum merklich atmete Jonas ein und aus.

Dann kehrten das normale Zeitempfinden, die alltäglichen Impulse langsam zurück. Vom Gipfel transzendenten Aufstiegs stieg er wieder ab. Die Seen und Wälder, die mit ihm eingetaucht waren in einen Rhythmus uralter Klänge aus flatternden Blättern und klappernden Zweigen, aus leise rauschenden Wellen und sich leicht kräuselnder Gischt nahmen den Takt des Herkömmlichen wieder an. Das Verwunschene des Augenblicks verschwand. Sein tiefer Zauber, der in einer oftmals unbemerkten Schönheit zu bestehen schien, blieb in Jonas' melancholischem Gedächtnis jedoch haften.

»Welch fantastischer Ort!«, sagte Jonas wie aus einem Traum erwachend, »dass er mir das Glück solcher Gedanken schenkt.«

In diese Betrachtungen fügte sich zuletzt der Silsersee, der sich unmittelbar an der Wasserscheide des Maloja-Passes wand, dem Übergang ins Bergell, einem in verwirrende Tiefen stürzenden Tal, auf dessen beiden Seiten sich mehrere über 3000 Meter hohe Berge erheben. Mitunter wurden sie von bizarren Wolken gekrönt, deren figurale Schöpfungen die Granitberge der Scioragruppe und des Albigna- und Fornogebiets umkränzten.

*

Sils-Maria, der Ort, an dem Jonas sein Leben verbrachte, lag eingebettet zwischen dem Silser- und dem Silvaplanersee. Insgesamt ist das Hochtal des Engadins, in dem unsere Erzählung spielt, eine Region, wo der elementare Rausch und das prickelnde Gefühl, mitten in den Wolken zu schweben, den Besucher hypnotisch umfangen können. Dort fühlte sich Jonas geborgen. In jenen Seen- und Seelenpanoramen war er zuhause, da entdeckte er die Stille der Zeit.

»Nur hier sehe ich in den Abgrund meiner Wünsche!«, betonte er in einsamen Zwiegesprächen.

Jonas' feiner Oberlippenbart begann schon graublond zu schimmern. Knapp überdurchschnittliche Mannesgröße erreichend, war er vielleicht 1,80 Meter hoch. Sein Haar wuchs blond mit einem leichten Braunschimmer und die Gesichtszüge deuteten die markante Bräune des Engadiner

Naturburschen an. Jonas fuhr gerne Ski, wenn es sich ergab, und er wanderte oft im Hochgebirge, es sei denn, er stieg gleich hinein in die felsigen Klüfte seiner rätoromanischen Heimat. Überhaupt war er ein Mensch, der sich eher zurückzog, Ideen und Konzepte in kartäusischer Stunde erwog. Dann konnte er in der Abgeschiedenheit der Bergregionen völlig in sich ruhen.

Was nicht hieß, dass er andere mied. Ganz im Gegenteil: Jonas galt als ein freundlicher und entgegenkommender Bewohner von Sils. Dennoch freute es ihn, von Zeit zu Zeit entweder in Sils oder in St. Moritz Bekannte und Freunde zu treffen, die er seit der Kindheit kannte. Dann vermochte er durchaus lang und ausgiebig zu reden, sich über Banales und Wichtiges auszutauschen, den Dreh- und Angelpunkt gemeinsamer Interessen zu taxieren.

*

Jonas Kälin besaß einen kleinen Holzhandel mit dazugehörigem Sägewerk, wo die Verarbeitung des in den nahen Wäldern geschlagenen Holzes erfolgte. Rohhölzer ließen sich dort ohne weiteres zu brauchbarem Schnittholz verarbeiten, um die Herstellung kunstvoller Möbel und die Erarbeitung kompakten Bau- und feineren Furnierholzes zu gewährleisten.

Sein Vater Lurin, der vor drei Jahren, also 1878, verstorben war, hatte sich in den letzten Jahrzehnten bereits als eigenwilliger Holzkenner hervorgetan. Wobei ihm schon zu seinen Lebzeiten Schreinermeister Walter Flütsch behilflich gewesen war, der den Betrieb mit nützlichen Vorschlägen belebte, um zu garantieren, dass die Übersicht über die vielen Arbeitsvorgänge und praktischen Erfordernisse nicht verlorenging. Flütsch war ein ausgeglichener und zu eigenwilligem Humor neigender Zeitgenosse, der jederzeit die richtigen Worte fand, um den Spaß an der Arbeit mit der nötigen Ernsthaftigkeit, die bei komplexeren Entwicklungsschritten vonnöten war, zu verbinden.

Im Büro saß die für Finanzen und organisatorische Abläufe zuständige Alina Bernasconi, eine freundliche und ruhige, etwa 35-jährige Frau von untersetzter Gestalt. Sie stammte aus der italienischen Schweiz und war seit zehn Jahren mit Bravour im Betrieb tätig. Auf sie und den 60-jährigen Walter war jederzeit Verlass und ihre Arbeitsplätze konnten für einigermaßen sicher gelten, da die Konkurrenz der Umgegend übersichtlich war. Nur noch zwei andere Unternehmer waren in ganz Graubünden im Holzhandel tätig. Jonas' Kleinunternehmen galt daher im Umkreis von St. Moritz als Monopol, das ferner mit schon ausgemustertem Altholz handelte, welches von Privatpersonen und kleineren Unternehmen zur Verfügung gestellt wurde, um es, je nach Qualität, entweder zur Weiterverarbeitung zu nutzen oder auch als Brennholz zu verkaufen.

Nicht nur an diesem Punkt, sondern grundsätzlich baute Jonas auf die Ideen des sächsischen Oberberghauptmanns Carl von Carlowitz, der bereits im frühen 18. Jahrhundert, einer Zeit der »Holznot«, wie es damals hieß, von »nachhaltender Nutzung« der Baumbestände gesprochen hatte. Womit jener noch das rein quantitativ zu verstehende, komplette Abholzen älterer Bäume und das entsprechende Nachwachsen junger Schösslinge meinte. Jonas ging es seit einigen Jahren aber um etwas anderes. Ihm kam in den

Sinn, dass man eine Art Umlaufsystem schaffen müsse, das einen Präsenz- und Mischwald erzeugen könne.

Dadurch werden Monokulturen vermieden, weil man Bäume nur da wachsen und gedeihen lässt, wo ihr natürlicher Standort ist. Einschläge ins Holz sollten nur an streng überwachten Stellen und nicht großflächig stattfinden, um dem Wald nach dem Abholzen wieder Gelegenheit zum Nachwachsen zu geben. Langfristig lohne sich das eher, als teures Geld für frische Anpflanzungen aufzubringen.

Aufgrund dieser Idee stand Jonas mit einigen Schweizer Forstverwaltungen in Kontakt, wodurch erste Erfolge erzielt wurden, die in bestimmten Gegenden Graubündens schon zu *Musterwäldern* geführt hatten.

*

Jonas´ Einspänner hielt an diesem Morgen gegen 10 Uhr vor dem Eingang seines Unternehmens. Lautes Getöse vom Betrieb der Sägen dröhnte ihm entgegen. Florina wieherte laut, ohne erschrocken zu wirken. Die erfahrene und aus der französischen Camargue stammende Stute hatte Jonas von einem seiner wenigen Auslandsaufenthalte mitgebracht. Mittlerweile war sie für ihn unverzichtbar geworden, und zwar nicht nur hinsichtlich des Einspänners, sondern auch für Ausritte in die nähere Umgebung.

Nachdem Jonas die alte Sägemühle betreten hatte, flogen Späne und kleinere Splitter des verarbeiteten Holzes auf und er roch den kräftigen Duft von Lärchen, Arven und Fichten. Ohne Umschweife traf er nun direkt auf Walter Flütsch.

»Guten Morgen, Herr Kälin!«, grüßte Walter und empfing seinen Chef bereits frohgemut mit der Auskunft, heute besonders schöne Lärchen und Arven zur Verfügung zu haben. Zum Teil seien sie schon zu solidem Bau- und Furnierholz verarbeitet worden.

»Danke, Walter, ich sehe mir den Bearbeitungsprozess gleich etwas näher an. Vorher muss ich noch kurz ins Kontor, um mit Frau Bernasconi den Lagerbestand durchzusprechen.«

Grundlage der technischen Abläufe der Firma und deren ganzer Stolz waren zwei großformatige Sägen, die schon seit etlichen Jahren zum Einsatz kamen. Eine horizontal angelegte Bundgattersäge wurde von einer Pendelkreissäge für diffizilere Arbeiten unterstützt. Schon Jonas´ Vater hatte darauf geachtet, dass sich beide Sägen nicht immer gleichzeitig im Arbeitsprozess befanden, um die hohe Dauerbeanspruchung etwas einzuschränken und den Verschleiß zu begrenzen.

Der balsamische Duft von Brettern und Fertigungsteilen, die überall herumwirbelnden Holzflocken und Harz ausscheidende Späne verliehen dieser Mühle einen alle Sinne lockenden Geruch. Es war wie die Vermählung von Mechanik und Magie, die besondere Verschmelzung öliger und würziger Substanzen.

Jonas wandte sich an Meister Flütsch: »Ich habe noch eine Bitte. Könnten Sie mich am Samstag vertreten? Ich muss dann in die Stadt, um meine alte Uhr reparieren zu lassen!« Flütsch erklärte unter zunehmendem Rasseln der Maschinen, dass ihm dies nichts ausmache. Er sei ja ohnehin vor Ort.

Im Moment dieser letzten Mitteilung kreischte das Bundgatter laut auf, als deformiertes Holz ohrenbetäubenden Lärm verursachte. Eine hart strukturierte Maserknolle setzte der Säge allerhand Widerstand entgegen und ließ das Bundgatter regelrecht flattern. Nach einigem zähen Gegenhalten setzte es sich jedoch durch. Die Holzverwachsung gab schwerfällig nach. Jonas fragte noch einmal lauter, ob Flütsch ihn verstanden habe, und hielt nach dessen positiver Antwort zunächst auf das Verwaltungsbüro zu.

Währenddessen ratterte das Bundgatter wieder im alten Rhythmus. Nach dem Vorfall mit der Maserknolle war ihm ein neues Sägeblatt eingespannt worden, um einen stabileren Schnittvorgang zu gestatten. Insgesamt arbeitete das Bundgatter mit zwei Sägeblättern, wodurch der Schnittdruck geringer bleiben sollte. Haltbarkeit und Belastbarkeit der Säge nahmen somit zu. Flütsch achtete immer darauf, dass die Sägen nicht überbeansprucht und ersetzt wurden, wenn sich ihre Abnutzung zu zeigen begann.

Im Gehen begriffen, ließ Jonas ihn noch wissen: »Sagen Sie mir Bescheid, wenn Sie mit dieser Säge nicht mehr zufrieden sind. Ich werde dann eine neue besorgen. Wir können uns auch gerne über andere Sägetypen unterhalten. Aber jetzt muss ich erstmal weiter!«

Die industrielle Revolution hatte dafür gesorgt, dass der dampfgetriebene Sägetyp des Bundgatters rasch Furore machte und sich seit Beginn des 19. Jahrhunderts über die Vereinigten Staaten und England nach Europa verbreitete. Überdies konnte das Unternehmen auf eine schon erwähnte Pendelkreissäge zurückgreifen, die zur Erstellung großer Querschnitte Verwendung fand. Allerdings ist deren Betrieb höchst gefährlich, da beim Hineingreifen in die Schneidebene, das immer von oben stattfindet, schwerste Verletzungen hervorgerufen werden können. Walter ging jedoch so versiert und vorsichtig mit der Maschine um, dass in den letzten Jahrzehnten nie irgendein Unfall zu registrieren gewesen war.

Jonas wusste dies und er war unter normalen Umständen kaum mehr als wenige Stunden pro Tag zugegen, um die einzelnen Arbeitsprozesse zu beobachten. Im Wesentlichen hatte er die Überwachung der Vorgänge in die Hände Walters und eines neuen Kollegen gelegt, der nach und nach die Tätigkeit des Meisters übernehmen sollte. Denn Jonas wandte sich inzwischen weiteren Interessen zu. Als einer der führenden Akteure bereitete er die Gründung des Schweizer Sägereiverbandes im Jahre 1886 vor.

*

Der besagte Samstag war gekommen. An diesem Maientag des Jahres 1881 striegelte Jonas seine schon betagte Florina mit großer Sorgfalt, säuberte ihre Hufe, bürstete die Mähne und legte ihr das Zaumzeug an. Dann spannte er sie vor das noch ältere Fuhrwerk und machte sich auf den Weg in die Stadt. Bei jener Gelegenheit, zu der er seine Wanduhr in Reparatur geben wollte, hoffte Jonas zudem, etwas Munition für seine kleinkalibrige Büchse zu erhalten. Oft erlegte er damit Niederwild, vor allem Rebhühner, Hasen und Rehe.

Diese Waffe, eine deutsche M 71/84 aus der Schmiede der Familie Mauser, war eine der ersten Repetiergewehre, die über ein 8/10-Schuss-Röhrenmagazin verfügte. Eigentlich für das Heer konzipiert, hatte Jonas sie etwas zweckentfremdet, indem er sie vorwiegend für die Jagd oder den Selbstschutz verwandte.

Jonas fuhr kurz nach dem spätmittäglichen Aufbruch vorbei an Lärchen- und Fichtenwäldern. Larix-Arten besaßen wie die Fichten männliche und weibliche Zapfen, die sich in Farben und Form ähnelten. Die einzeln stehenden männlichen Lärchen- und Fichtenzapfen waren eiförmig bis zylindrisch und gelblich, während die etwas größeren weiblichen Zapfen ein grünes, rotes oder purpurfarbenes Äußeres aufwiesen.

Jonas betrachtete es mit einiger Faszination, dass selbst Baumfrüchte nach geschlechtsspezifischen Charakteristika separiert werden konnten und er fragte sich ernsthaft, inwiefern sich Pflanzen von den übrigen Lebewesen unterschieden. Ihm ging es weniger um den banalen Umstand, dass Bäume unbeweglich an einem Ort verharrten, als um die Beobachtung, dass sie sich auch fortpflanzten, wenngleich anders als die meisten Tiere, indem sie ihre Keime dem sie weitertransportierenden Wind, Vögeln und Insekten überließen. Wie viele Tierarten konnten sie jedoch ohne Wasser und bestimmte Nährstoffe, die ihnen der Boden lieferte, nicht gedeihen. Ergaben sich für Bäume insofern nicht auch die gleichen Lebensbedingungen? Sollten sie dadurch nicht ähnlich wie Tiere empfinden, die in der Natur ums Überleben kämpften, sich anpassen oder vergehen mussten? Waren sie nicht im Übrigen durch ein weitverzweigtes Wurzelsystem untereinander verbunden und betrieben daher einen wie auch immer gearteten Austausch von Informationen?

Was andere ermüdend und befremdlich fanden, hatte für Jonas eine ganz eigentümliche Bedeutung. Er freute sich grundsätzlich am vielfältigen Erscheinungsbild der Natur. Nie war sie für ihn langweilig oder dröge.

Jonas kannte sich in den Blüte- und Entwicklungsperioden der heimischen Wälder aus und es verlockte ihn stets, über deren Eigenheiten nachzudenken. Er hielt sie für die Garanten menschlichen Überlebens. Bei seinen Ausritten, Jagdausflügen oder Wanderungen schaute er sich die Blätter, Blüten und Zapfen, die Bäume und die überall herumstreifenden Tiere mit akribischer Neugier an. Er war davon überzeugt, dass sich hier Geheimnisse verbargen, die man unbedingt erforschen sollte.

Jonas erinnerte sich an ein Ereignis aus dem frühen März, als es noch kalte Nächte gegeben und er sich einer Fichtenschonung in der Absicht genähert hatte, Zapfen zu sammeln, die er zum Anheizen seines kleinen Ofens benötigte. Bei dieser Gelegenheit sah er sich auch nach brauchbaren Fichten um. Seine Sägemühle forderte stets Nachschub an gutem Holz.

Schon von weitem hörte er das typische »Gipp, gipp« des Kreuzschnabels, der dort zu Dutzenden in den Ästen saß. Jonas bekam ein schlechtes Gewissen, da er wähnte, dem Vogel seine Nahrung zu stehlen, die aus den Samen der Zapfen bestand.

Der Kreuzschnabel ist eine besonders kuriose Finkenart, die mit nach unten gebogenem Kopf auf dem Fichtenzapfen herumtänzelt, um mit den überkreuzten Spitzen des Schnabels in das Innere der Zapfenschuppen einzudringen. Dabei sucht er, die Keimlinge sorgfältig abzuspreizen.

So stellte es sich Jonas jedenfalls vor, denn er kam trotz Fernrohrs niemals so nahe heran, dass er diesen Vorgang intensiv beobachten konnte und rekonstruierte seine Erkenntnisse auf der Basis herabgefallener Zapfen.

Darüber hinaus war ihm im Januar ein toter Kreuzschnabel aufgefallen, der den Winter nicht überstanden hatte. Irgendwie mysteriös war ihm damals der erstarrte

Körper vorgekommen, dessen leblose Augen mit den übereinanderliegenden Schnabelspitzen, die sich wie zwei Klingen in entgegengesetzte Richtungen bogen, zu grienen schienen. Dem kleinen Kopf hatte diese Einbildung das grimassenhafte Aussehen einer miniaturisierten Vogelmaske verliehen, wie sie Jonas aus dem venezianischen Karneval kannte. Nur dass ihr der überdimensionale Schnabel fehlte.

Nach solch skurrilen Fantasien bahnte sich sein Bewusstsein zielstrebig den Weg zurück auf den Kutschbock des Einspänners. Florina schnaubte zufrieden und beachtete die seltsame Stimmung nicht, die Jonas wahrnahm und als ungewöhnlich bewertete. Ihn fror.

Die vorbeihuschenden Wälder zerflossen in gräulichem Grün, aus dem ein gespenstisches Dunkel glomm. Ein Schwarm kohlschwarzer Raben hielt straff gegen den Wind eine kreuzähnliche Formation. Murmelnder Föhn umgab den Reisenden, der viele Laute weckte, die ihn vermeintlich freundlich empfingen und lebhaft begleiteten. Dennoch reckten sich ihm die Bäume wie skelettierte Riesen entgegen, als ob ihm dieser Forst noch andere abseitigere Wesenszüge zeigen mochte. Jonas wurde es unheimlich zumute. Das Sonnenlicht schwand.

*

Als er nach St. Moritz hineinfuhr, fand er die Menschen bei allerhand Beschäftigungen. Fußgänger strebten ihren nachmittäglichen Verrichtungen entgegen, machten irgendwelche Besorgungen, erholten sich beim Spaziergang oder peilten zielgenau den Bahnhof des kleinen Ortes an.

Doch Jonas kam es auf etwas völlig anderes an. Er wollte

sie sehen. *Sie*, das war die seiner Meinung nach schönste Frau des Ortes und im Grunde der ganzen Welt. Sie hieß Bigna (gespr. *Binia*), von der er tatsächlich nicht mehr als diesen Namen kannte, weil er überall genannt wurde, was ihm allein schon deshalb eine ungeheure Eifersucht in die Seele brannte. Bigna war jedoch nirgends zu entdecken und so marschierte Jonas, nachdem er seinen Einspänner vor dem Hotel *Zum alten Hirschen* abgestellt hatte, erst einmal zu Reto Jeger, dem Uhrmacher und Bürgermeister.

Reto beendete gerade die ausgedehnte Mittagspause und konnte sich wieder, wenn auch müde wirkend, seinen Kunden widmen, die er gewohnt mürrisch empfing. Wer ihn jedoch näher kannte, wusste, dass sich hinter dieser unfreundlichen Maske eine durchaus zugängliche und entgegenkommende Persönlichkeit verbarg.

»Ich benötige Deinen Rat, Reto. Ich habe Dir meine alte Wanduhr mitgebracht. Vielleicht kannst Du sie Dir ja mal anschauen? Sie macht keinen Mucks mehr und ich bin es doch so sehr gewohnt, ihren Klang zu hören.«

Der Uhrenexperte blickte zunächst verständnisvoll, sah dann aber mit zunehmend düsterem Mienenspiel in das Gehäuse der Uhr und sagte nur hin und wieder: »Hm, so ist das! Hmmm ... Herrgottszeiten, diese *Unruh*! Was für ein merkwürdiges Innenleben! Da muss ich wohl oder übel einige Zeit mit dessen genauem Studium verbringen!«

Reto, der in seiner Rolle als Uhrenfachmann zumeist präzise, aber wortkarg den Kern der ihm dargestellten Probleme traf, konzentrierte den Rest seiner kommunikativen Aktivitäten auf das Bürgermeisteramt, das ihn nicht übermäßig forderte. Jonas machte er den Vorschlag, sich demnächst in der Gaststätte *Zum alten Hirschen* zu einem Umtrunk treffen zu wollen. Dieser nahm gerne an.

Daneben versprach er ihm, die Uhr bis zur nächsten Woche repariert zu haben. Falls er es nicht schaffen sollte, würde rechtzeitig eine Nachricht folgen.

Jonas gab sich mit dieser Auskunft zufrieden und trat wieder hinaus auf die belebte Hauptstraße, um nach Bigna Ausschau zu halten. Denn eigentlich hatte ihn ja die Aussicht motiviert, einen Blick auf ihre Person zu erhaschen. Die Uhr war nur ein willkommener Anlass, diese Reise vor seinem Gewissen verantworten zu können. Denn einfach so durch die Gegend zu fahren, war normalerweise seine Sache nicht.

In der Breitenreiterstraße, kurz vor dem Bahnhof, hatte er endlich Glück. Die Auserkorene befand sich vor einem Gemüseladen und wollte gerade einige ihrer frisch geernteten Produkte verkaufen. Dabei war sie so sehr in ihre Verkaufsverhandlungen verstrickt, dass sie nicht bemerkte, wie engagiert sie von Jonas beobachtet wurde.

Bigna war eine mittelgroße, rotblonde Frau mittleren Alters, die zu großem Enthusiasmus neigte, wenn es darum ging, ihren Angelegenheiten zusätzlichen Schwung zu verleihen. Dies gelang ihr auch bei dieser Gelegenheit, als sie mit sprühender Intensität auf eine stämmige Marketenderin einzureden wusste, sodass sie ihre Waren, meist Kohl- und Salatköpfe, Radieschen, Bohnen und allerhand Kräuter, Salben und sonstige Mixturen, höchstwahrscheinlich nicht nur hier, sondern auch bei anderen Gelegenheiten rasch an die von ihr bevorzugten Kunden weitergeben konnte.

Jonas konnte seine Augen vor ihrer Erscheinung nicht verschließen und beobachtete konzentriert all ihre Gesten. Die

Sonne Graubündens hatte erheblich dazu beigetragen, aus dieser Frau eine Besonderheit werden zu lassen. Ihr Teint bestand aus einer rotbronzenen Mischfarbe, auf ihren Wangen befand sich der zarte Schmelz blütenartiger Sedimente, die ihrem Äußeren das Charisma einer atmenden Skulptur verliehen. In ihren Augen schimmerte die schwärmerische Verträumtheit eines Kindes.

Die Bewegungen ihres gleichmäßig gleitenden Körpers, ihrer schmal, aber nicht dünn wirkenden Gliedmaßen, flossen in einem geschmeidigen Rhythmus dahin und schienen ein eigenwilliges Spiel körperlicher Kräfte zu entfalten.

Bei diesen Ablenkungen hatte Jonas ganz vergessen, dass er auch noch Munition für seine Büchse kaufen wollte, die er im kleinen Laden des Waffenhändlers Orell Müller zu erwerben hoffte. Als er dort eintrat, war zunächst niemand zu sehen. Doch ein kurzer Ruf führte zu einem umfänglichen Räuspern des Eigentümers, der sich hinter einem länglichen und zwei Meter hohen Schrank befand.

Dieser war wohl als abschottende Grenze zu einem schmalen Büro gemeint, das sich vom Verkaufsraum abheben sollte. Dahinter tauchte der leut- und redselige Inhaber auf, der kurz nach Jonas´ Äußerung, spezielle Patronen für seine M 71/84 erhalten zu wollen, ihm drei Schachteln davon übergab. Seinen Gast zu einem längeren, von banalen Details wimmelnden Gespräch nötigend, schilderte er ihm auch seine Erfolge bei der Jagd auf Krähen, die er für völlig nutzlos hielt. Jonas, der Orell entschieden widersprach, weil er sich gegen sinnloses Töten verwahrte, war froh, den mäßig interessanten und törichten Ausführungen nach einer viertel Stunde nicht mehr folgen zu müssen. Denn ein neuer Kunde betrat den Laden.

*

Nach der Rückkehr aus St. Moritz war Jonas zunächst noch völlig benommen, aber nicht von Orell Müller, sondern von den Eindrücken, die er von Bigna empfangen hatte. Ihr Bild hatte sich mit greller Flamme in sein Inneres gebrannt und er war wie benommen von den ihn überflutenden Reizen ihrer Weiblichkeit.

Nur schwer fand er zurück in die gewohnte Realität. Jonas bewohnte ein mittelgroßes, dreiräumiges Holzhaus etwas außerhalb von Sils-Maria, das nicht mehr als 80 Quadratmeter Grundfläche umfasste. Im Wesentlichen hatte er es mit Ahorn- und Lärchenhölzern gebaut, wobei Terrassenfront und Fensterrahmen durchgehend aus Ahorn konstruiert waren.

Das interne Mobiliar, Tische, Stühle, Schränke, war überwiegend aus Lärchenholz hergestellt. Bei der Aufstellung der vier Seitenwände des Hauses, die aus gutem Fichtenholz erbaut waren, hatten ihm einige Nachbarn zur Seite gestanden, denn die Mitarbeiter seiner eigenen Firma sollten sich anderen Aufträgen widmen.

Nicht weit entfernt von seinem Grundstück lag die glatte Fläche des Silser Sees, aus dem er seit einigen Jahren den aus Nordamerika eingeführten kanadischen Seesaibling, den *Namaycush*, fischte. Jonas hatte sich aber auch auf andere Saiblingarten, Regenbogenforellen oder die Elritze als Köderfisch spezialisiert. Doch Hechte, Rotaugen und der Egli wurden ebenso wenig verschmäht, wenn er in den Seen der Umgegend seiner Leidenschaft frönte. Besonders Letzteren fand er äußerst auffallend, da dessen vordere Rückenflosse dem fächerartigen Rückenkamm eines längst ausgestorbenen Raubsauriers, des Dimetrodons, ähnelte, wenngleich es sich um eine Miniaturausgabe handeln mochte.

Keinen Fisch begehrte Jonas jedoch so sehr wie den *Namaycush.* Dieser stellte immer eine besondere Herausforderung dar, da er in tieferen Gewässern jagte und prächtige Exemplare hervorbrachte. Die kanadischen Ureinwohner bezeichneten ihn nicht ohne Grund als *Herrscher der Tiefe.* Die meisten dieser schmackhaften Seebewohner wurden bis zu 70 Zentimeter, einige aber auch über anderthalb Meter lang.

Jonas grillte die Saiblinge oft direkt nach dem Fang auf einem Holzkohlenrost im Garten. Häufig ertappte er sich dabei, wie er während des Grillens abschweifte, um an Bigna zu denken und sich zu fragen, was sie gerade tun mochte.

Bigna

Bigna Odermatt war für etliche Jahre Geburtshelferin in Wien gewesen, wo sie Dario Aebischer, einen Landsmann und Bergbauingenieur, kennen- und lieben gelernt hatte. Sie war dort sowohl in einem der vielen Entbindungshäuser, die sich im 19. Jahrhundert zu etablieren begannen, als auch als selbständige Hebamme beziehungsweise Geburtshelferin tätig gewesen.

Die Arbeit füllte sie zur Gänze aus und über besondere Fälle, die ihre ganze Aufmerksamkeit bedingten und ihren sensiblen Einsatz nötig machten, konnte sie nicht klagen. Just das war es gewesen, was sie in den ersten Jahren an diesem Beruf immer begeistert hatte und wofür sie oft bis zur Erschöpfung tätig gewesen war.

Schwangerschaften stellten noch im 19. Jahrhundert nicht selten ein tödliches Risiko dar, weil die Bakteriologie gemeinsam mit der Immunologie quasi in den Kinderschuhen steckte. Vielfach war kaum bekannt, dass es tödliche Keime gab, die gerade auch bei Geburten oftmals die Ursachen dafür waren, dass Mutter und Kind nicht überlebten. Als entsprechend problematisch galten der Stand der Desinfektionsprävention und die Bereitschaft, sich im Umgang mit Schwangeren und Neugeborenen die Hände, so oft es ging, zu säubern.

Von ihren aufklärenden Tätigkeiten ließ sie sich daher nicht abbringen und wies immer wieder auf die bahnbrechenden Arbeiten eines Ignaz Semmelweis hin, dem es vor Jahrzehnten schon gelungen war, das Grauen des Kindbettfiebers nach und nach aus vielen Entbindungsanstalten zu drängen.

Seit den späten 1840er Jahren hatte dessen Einfluss dazu geführt, dass sich in Wien langsam die moderne Sicht durchzusetzen begann und die Ignoranz der Vergangenheit überwunden werden konnte. Doch der traditionelle Widerstand war hartnäckig. 1850 musste Semmelweis dieser rigiden Verweigererfront weichen. Notgedrungen verließ er Wien, um sich ab 1851 im ungarischen Buda niederzulassen.

Die beachtliche Beharrlichkeit konservativer Mediziner, deren ungehemmte und neidvolle Aversion war noch lange nach dessen Weggang zu spüren und Bignas Einwände trugen nicht gerade dazu bei, ihren Ruf, der von der Tendenz zum kritischen und selbstbewussten Aufbegehren geprägt war, zu bessern.

Bigna hatte in der Hauptstadt der kaiserlich und königlichen Monarchie etliche Jahre nach Semmelweis ihre Ausbildung begonnen und konnte schon in bescheidenem, aber sichtbarem Umfang auf die ersten Erfolge seiner wichtigen Vorarbeiten bauen, die ihre Bemühungen erleichterten. Ohne dessen Erkenntnisse wären weiterhin tausende von Frauen und Föten eines fürchterlichen Todes gestorben.

Vor allem dieses ungarischen Mediziners wegen war Bigna zu der Überzeugung gelangt, ihren Beruf zu ergreifen. Sie füllte ihn mit Leidenschaft und wahrer Hingabe aus. Die Arbeit mit werdenden Müttern und dem Vorgang der Geburt begann sie schon damals zu inspirieren, sich mit naturkundlichen Fragen auseinanderzusetzen. Durch Zufall fielen ihr in einer Bibliothek zusätzlich Schriften der mittelalterlichen Mystikerin und Heilerin Hildegard von Bingen in die Hände. Es handelte sich um Exemplare der Natur- (*Physica*) und der Heilkunde (*Causae et Curae*), deren Studium sie fortan faszinierte. Die Leitbegriffe ihres weiteren Wirkens wurden die *Viriditas*, als treibende »Grünkraft« natürlicher Prozesse, und die *Fortitudo*, als unmittelbarer Zeugungskraft. Den Kosmos wollte Bigna von nun an als ein Phänomen deuten, das eher der Schöpfung als der Vernichtung diene.

*

Die Leitung der Entbindungsanstalt, in der sie tätig gewesen war, ließ ihr jedoch nur geringe Möglichkeiten, ihre Studien produktiv in die Tat umzusetzen. In der Naturheilkunde wollte man einen grundsätzlich rückschrittlichen Ansatz erkennen, der in der Medizin des 19. Jahrhunderts nichts mehr zu suchen hätte. Das Mittelalter sei Gott sei Dank vorüber, wurde ihr bei jeder Gelegenheit beschieden.

Als sie mit weiteren Komplikationen und Sterbefällen konfrontiert wurde, die man ihr umstandslos in die Schuhe schob, entschloss sie sich ohne langes Zögern dazu, eine neue Tätigkeit zu suchen. Hinterhältige Intrigen am Arbeitsplatz taten ihr Übriges. Sie war nicht leicht zu verunsichern, aber die stete Hetze, das gemeine Ränkespiel hinter ihrem Rücken zermürbte sie. Ihr inneres Gleichgewicht wollte sie aber nicht verlieren.

Gerade ihr letzter Fall im Oktober 1877 hatte für einigen Wirbel innerhalb Wiens gesorgt, weil sie den Säugling einer jungen Kaufmannsfrau mit neuartigen Methoden aus der

Steißlage befreien wollte. Zusätzlich stand die Gebärende vor einer Blutvergiftung.

Mittels unkonventioneller und damals noch kaum akzeptierter pränataler Eingriffe hatte Bigna die Absicht verfolgt, ihr das Leben zu retten. Wenige Ärzte trauten sich, ihr beizustehen. Selbst derjenige nicht, der ihr die Erlaubnis für diesen Eingriff gegeben hatte, sich aber später an nichts erinnern wollte. Denn leider gerieten ihre Maßnahmen womöglich unverschuldet zu einer Katastrophe, deren Folgen in einer schrecklichen Blutung bestanden, die nicht mehr zu stoppen war, sodass die Frau bald verstarb. Bigna machte sich die heftigsten Vorwürfe, denn sie war nicht davon abzubringen, sich selbst die Schuld an diesem Todesfall zu geben.

Der Vorgang wurde öffentlichkeitswirksam gegen Bigna inszeniert, um ihr Engagement für die Methoden Semmelweis' zu sabotieren. Das Kesseltreiben wollte kein Ende nehmen, als der Witwer eine Kampagne gegen sie in die Wege leitete und die Presse in seinem Sinne benutzte, um die Krankenhausleitung zu beeinflussen.

Obgleich sie sich mit großer Leidenschaft für die neuen lebensrettenden Maßnahmen engagiert hatte, machte man ihr das Verbleiben in ihrem Beruf immer schwerer.

Noch aber suchte sie Ärzte, die an alten Vorstellungen festhielten, von der Bedeutung der Desinfektion zu überzeugen, so wie einen Chirurgen, den sie inständig gebeten hatte, vor einer Operation Vorsicht walten zu lassen: »Bitte, Herr Dr. Seematter, waschen Sie sich vor dem Eingriff noch die Hände. Geschieht dies nicht, gefährden Sie Mutter und Kind!«

Viele Mediziner sahen solche Ermahnungen als ungehörige und grobe Einmischungen an, die ihre Arbeit unterminieren würden.

»Kümmern Sie sich um Ihre Angelegenheiten und mischen sich nicht in Dinge, von denen Sie nichts verstehen!«, war die übliche Antwort. Auch Dr. Seematter beharrte auf dieser Meinung und setzte Bigna gehörig unter Druck.

Hinter ihrem Rücken braute sich eine wahre Verschwörung zusammen, sodass die folgenden Ereignisse einer infamen Regie unterworfen waren. Bald nach dem Erlebnis, das sie für ein einschneidendes Scheitern gehalten hatte, wurde sie von einer einflussreichen Fraktion traditionell eingestellter Ärzte intensiv bedrängt, sich in der Zukunft zurückhaltender äußern zu sollen. Anderenfalls würde man ihr das Leben in der Geburtsabteilung unmöglich machen. Sie war massiven Drohungen ausgesetzt, die sie psychisch kaum mehr verkraften konnte, zumal sie sich selber schon genug Vorwürfe gemacht hatte. Dann fällte sie einen folgenreichen Entschluss.

*

Keine zwei Tage später befand sie sich auf dem Weg nach St. Moritz, wo zu dieser Zeit noch ihr Großvater Ueli Camenischer lebte, der sie gerne bei sich aufnahm. Ueli war vor Jahren ein weithin bekannter Grundherr gewesen, der mit dem Verkauf seiner Rinder, die zu Hunderten auf der Alm grasten, ein vergleichsweise umfangreiches Vermögen gemacht hatte. Im Jahre 1853 vernichtete jedoch ein verheerender Brand seine Stallungen und einen Großteil der Herden. Seit diesem Zeitpunkt war er ein gebrochener Mann, der nur noch in bescheidenem Maße und zur Eigenversorgung Viehhaltung betrieben hatte. Als einziger Lichtblick in seinem Leben blieb ihm Bigna, die nach dem frühen Tod der Eltern von ihm erzogen wurde.

Nach ihrem Umzug in den Heimatort Sils-Maria war zunächst beabsichtigt, dass sie nur wenige Wochen bei ihm leben wollte, bis sie eine neue Anstellung und Wohnung gefunden hätte. Doch der Gang der Ereignisse war ein anderer.

Ueli wurde, kaum dass sie bei ihm eingezogen war, plötzlich schwer krank, bettlägerig und verstarb innerhalb weniger Monate, sodass sich aus dieser Situation die Möglichkeit ergab, in seinem Haus, das in der Nähe des Silser Sees lag, wohnen zu bleiben.

Der völlige Umbruch in ihrer Lebenssituation gab ihr die Gelegenheit, sich grundsätzlich neu zu besinnen. Zwar dachte sie schon länger darüber nach, aber zuletzt hatten sich die Dinge um einiges beschleunigt. Zusätzlich gravierend war für sie der Verlust ihres innig verehrten Großvaters, ohne den sie kaum die Entwicklung genommen hätte, die ihr Leben bestimmte.

Erste Überlegungen in dieser Richtung führten sie zu den geliebten und unvergessenen Eltern zurück. Mila Camenischer und Matteo Odermatt, zwei passionierte und erfahrene Bergführer, hatten am 13. Juni 1852 auf eigene Faust den Versuch gewagt, das Matterhorn von Zermatt aus erstbesteigen zu wollen. Sie wussten, dass der Berg als unbezwingbar gegolten und dass sich viele schon vergebens darum bemüht hatten, seinen Gipfel zu erklimmen.

An diesem frühen Junimorgen gegen 3.30 Uhr und bei sternenklarem Himmel schlugen sie, wie manche sagten: überheblich, alle Warnungen in den Wind. Denn sie hielten sich für professionell genug und nahmen den Hörnligrat ins Visier, der auf 3500 Metern liegt und wie ein buckliger, verwachsener Aushub neben dem Gipfel wirkt.

Beim weiteren Anstieg auf den 4478 Meter hohen Berg kam es jedoch zur Katastrophe, als Matteo seine ihm folgende Frau plötzlich nicht mehr halten konnte. Sie war unvermittelt ins Rutschen geraten, hatte den festen Tritt an einem glitschigen, vereisten Übergang verloren und war in die Tiefe gestürzt. Matteo war so überrascht von dem jähen Ruck, dass er nicht mehr rechtzeitig reagieren konnte, zumal das wohl zu schwache Seil unter der enormen Belastung gerissen war. Bis ins Mark erschüttert stand er Stunden später bei dem zerschmetterten Leichnam Milas. Der Anblick traumatisierte ihn völlig. Zwei Jahre später nahm er sich das Leben.

Bigna hatte ihre Eltern noch in sehr guter Erinnerung. Sie waren die Idole ihrer Kindheit. Lebenslustig und voller Enthusiasmus sprachen sie jahrelang von nichts anderem als der Erstbesteigung des pyramidal geformten Matterhorns, das etlichen Einheimischen als das Ergebnis übermächtiger, nicht nachvollziehbarer Kräfte galt.

In den an tektonischen Wundern nicht gerade armen Schweizer Gebirgsregionen war dieser Berg noch herausgehoben. Er entzog sich auf seltsame Weise den normalen Maßstäben, mit denen man solche Dome aus Basalt und Granitgestein erkundete. Den Menschen ihrer Gegend galten sie als Regulatoren der Ewigkeit, als ungeheure Monumente, die den Zeiten trotzten, sich ihrer zersetzenden, zermürbenden, allen lebendigen Widerstand zerstampfenden Vernichtungskraft entgegenstemmten. Sie waren die Kolosse einer unüberwindlich scheinenden Beständigkeit.

Davon war auch Bigna überzeugt. Sie liebte die Berge, bis zu jenem Drama, als ihre Mutter am Schicksalsberg zu Tode kam und des Vaters langes Siechtum begann. Oft war sie mit ihnen unterwegs gewesen, hatte die Berglandschaften der zentralen und südlichen Schweiz wie keine andere kennen und schätzen gelernt. Ihren Eltern dankte sie eine besondere Beziehung zu geologischen und biologischen Prozessen. Sie hielt sich für eine enge Vertraute der Natur. Doch auf die Berge wollte sie nie wieder klettern, nachdem sie den Tod ihrer Eltern zu betrauern hatte. Die Gebirge wollte sie nur noch von weitem und mit Abstand betrachten.

Normalerweise blieb sie deshalb unterhalb der Baumgrenze oder zumindest knapp darüber, suchte zum Skifahren nur solche Schneefelder auf, die gut zugänglich und passierbar waren, sodass sie keine Bergmassive überwinden musste, um zu ihnen vorzudringen. Besondere Schwierigkeitsgrade mied sie gänzlich. Doch am Wandern hatte sie weiter ihre Freude. Aber den Bergen galt nun ihr Misstrauen, obgleich sie deren majestätische Unerbittlichkeit auf eine distanzierte Art bewunderte.

*

Bigna hatte nach ihrem Umzug angestrengt darüber nachgedacht, wie sie ihren Lebensunterhalt verdienen könne, weil sie ihrer erlernten Tätigkeit nur noch am Rande nachgehen wollte, und kam schließlich auf die Idee, den kleinen Hof des Großvaters mit zu bewirtschaften, auf dessen Basis sie ein gewisses Auskommen haben würde.

Der Großvater hatte ihr in seinen letzten Stunden ohnehin zu einem solchen Schritt geraten, zumal es ihm selbst vergönnt gewesen war, lange Erfahrungen mit der Haltung einer kleinen Viehwirtschaft zu erwerben.

»Bigna, nimm Dir alles, was Du brauchst! Ich weiß, dass Du mit Tieren umgehen kannst. Deshalb brauche ich Dir kaum zu sagen, dass Du sie achtungsvoll behandelst.«

Mit großer Bestimmtheit hatte er Folgendes hinzugesetzt: »Ich werde wohl bald darauf verzichten müssen, mich um alles zu kümmern!«

Diese Aussage konnte als schlimme Vorausahnung betrachtet werden. Denn zehn Tage später wurde er auf dem Friedhof von Sils-Maria, wie er es zuvor mit Letztem Willen bestimmt hatte, ohne großen Aufwand zu Grabe getragen.

Nach der Beisetzung des Großvaters, dessen Erbe sie im Frühjahr 1878 angetreten hatte, übernahm sie Uelis Tiere, fünf Kühe, zehn Hühner und einen Hahn. Diese waren neben einem schwarzen Kater Bignas ganzer Besitz. *Temboro* hatte sie aus Wien mitgebracht. Damit wollte sie Bezug auf den indonesischen Vulkan nehmen, der 1816 ausgebrochen war und eine weltweite Kälteperiode hervorgerufen hatte. Doch nicht diese Kältewelle war das für Bigna Beeindruckende, sondern die Unberechenbarkeit der vulkanischen Natur, die sie bei ihrem Kater mehrmals bestätigt fand.

Vulkane galten ihr als das eigentliche Kraftzentrum, die biorhythmischen Motoren der Erde. Ihren gewaltigen Energien sei es zu verdanken gewesen, dass der Planet sich vom Eis einer Millionen Jahre währenden Kälteperiode befreien und wieder mit Leben füllen konnte. In ihrer eruptiven Vernichtungskraft sei der Keim des Blühens und Gebärens begründet, sodass der Kosmos im Wesentlichen auf diesen Bestandteilen beruhe. Gäbe es diese produktiven Kräfte nicht, wäre das Universum tatsächlich tot, und es verböte sich, von einer Schöpfung zu sprechen.

Bigna hatte sich seit ihrer Rückkehr nach Sils-Maria, sie war zu jener Zeit 36 Jahre alt, noch intensiver mit der mittelalterlichen Ärztin und Theologin Hildegard von Bingen auseinandergesetzt. Ihre Kenntnisse der rheinischen Naturheilerin konnte sie nun weiter verfeinern. Bigna besaß eine besondere Vorliebe für Hildegards kühne naturphilosophische Ideen. Sie glaubte fest daran, dass Tieren eine Seele und ein eigener Wille innewohne, der sich vor allem in Augen und Wesen der Lebewesen spiegele.

Ob ihr die alte Theosophin bei allen Überlegungen immer gefolgt wäre, wusste sie natürlich nicht. Jedenfalls zeigten diese Gedanken deutlich die geistige Unabhängigkeit Bignas und ihre Vorliebe für Ideen, die sich außerhalb abgedroschener Überzeugungen und Standpunkte bewegten.

Temboros überschwängliches Temperament schien jedenfalls schlagend für die von ihr vertretene These zu sprechen, zumal der Kater nicht davon abließ, trotz vielfältiger Ermahnungen, bisweilen mehrere Tage spurlos zu verschwinden. Da half es wenig, dass sie ihn mit seinem Kosenamen *Tembi* rief. Hatte er es sich in den Kopf gesetzt, seine ausgedehnten Streifzüge zu unternehmen, blieb er immer so lange von zuhause fern, wie er wollte.

Unterdessen nahm sich Bigna die Zeit, ihre naturkundlichen Aktivitäten auszudehnen. Sie glaubte sich in die göttliche *Viriditas* eingebunden, in die »Grünkraft aus Gottes Hand«, wie es in einer der Schriften Hildegard von Bingens hieß. Wobei die Sonne einen ganz entscheidenden Anteil dabei besäße, durch ihr Licht dieser *Viriditas* Raum zu geben, um sie in der Welt der Menschen zur Entfaltung zu bringen. Denn die Sonne sende »der Erde über die nützliche Süße des Taues und im Regen immer wieder diese Grünkraft«, behauptete die heilige Hildegard. Der gesamte Kosmos sei von der göttlichen Inspiration dieses Blühens und Gedeihens durchdrungen.

Deren Schweizer Schülerin sprach modifizierend von der *sprießenden Hand der kosmischen Göttin*, von der sie sich gerne berühren ließ, um eigenen heilenden Verrichtungen nachzugehen. Heilkräftige Pflanzen erforschte sie in der Natur und baute in ihrem kleinen Garten diverse Kräuter, Bohnen, Tomaten und Kartoffeln an. Daneben verhalf sie einer – wie sie fand – großen Blumen- und Blütenpracht zur Entfaltung.

Aus der universellen Wirkkraft göttlichen Werdens entstamme eine dem Menschen wohltuende *Heilkraft des Blühens*, wie sie Bigna nannte, die zudem in ihrer allgegenwärtigen Ausrichtung den Keim sinnlichen Begehrens zünde. Wenn Einwohner von Sils bei ihr vorbeischauten, war sie für gute Ratschläge stets offen und freute sich über jedes Lob.

»Frau Odermatt«, sagte eine Nachbarin, »Sie haben heute besonders schöne Rosen!«

Bigna schätzte vor allem Hildegard von Bingens Heilkunde und »Das Buch von den Steinen«. Als sie sich mit der schweren Verletzung ihres künftigen Verlobten, eines Bergbauingenieurs, beschäftigt hatte, kam sie unwillkürlich auf die Bedeutung des Amethysts zu sprechen, dessen Heilkraft sie für erwiesen hielt.

Doch die verblüffende Tatsache, dass ein derartiger Kraftstein einem Menschen ein so grässliches Schicksal bereitet hatte, war für sie einerseits nicht recht begreiflich, musste andererseits aber in der *Göttin* unerklärlichem Willen begründet sein.

Als Dario Aebischer, von dessen Unfall noch die Rede sein wird, kaum an sein Überleben geglaubt hatte, wandte sich Bigna mit den Worten an ihn: »Meine Kenntnisse der Naturheilkunde werden dazu führen, dass Du trotz des Dir zugefügten Schadens gut weiterleben kannst. Davon bin ich fest überzeugt!«

Die Begegnung

Bigna hatte im Juli 1877 den schon erwähnten Geologen Dario Aebischer kennengelernt, dem sie bald die tiefsten Gefühle schenkte. Ihre Begegnung fand im Wiener Cafè-Haus Brandtner statt, als er an einem Wochenende, aus dem circa 60 Kilometer entfernten Maissau kommend, dort mit mehreren Arbeitskollegen eingetroffen war, um ein zünftiges Abendessen einzunehmen. Der hochgewachsene und oft leicht amüsiert blickende Mann hatte sie vom ersten Augenblick an für sich eingenommen. Er lachte viel, aber nicht meckernd, wie sie es bei manchen Menschen erlebt und zugleich als furchtbar belästigend empfunden hatte. Lange beobachtete sie ihn, bevor sie sich traute, ihn anzusprechen. Denn auch er schaute zu ihr und einer Freundin hinüber.

Bigna war mit Doreli Hefti, einer anderen Geburtshelferin, noch einmal ins Brandtner gegangen, um einen Feierabend-Cafè zu sich zu nehmen. Beide waren von der Arbeit erschöpft.

»Ich möchte jetzt einfach nur eine Tasse Kaffee trinken und ein wenig zu mir selber kommen!«, meinte Doreli. »Das brauchst Du mir nicht zu sagen«, sagte Bigna. »Ich weiß nicht, wie ich ohne unseren Zusammenhalt manchmal durchhielte, zumal mir die Arbeit wieder einmal stark zusetzt!«

Etliche Geburten hatten sie zuvor bewältigt, wobei nicht alle glimpflich vonstattengegangen waren, zumal die

Semmelweis'sche Methode noch nicht überall umgesetzt wurde. Auch an diesem Tag war ein schrecklicher Vorfall zu beklagen gewesen. Eine junge Prostituierte von nicht einmal 20 Jahren war durch eine Infektion des Gebärmutterhalses zu Tode gekommen.

Der ursächliche Bakterienstamm hatte sich schnell ausgebreitet und konnte nicht mehr unter Kontrolle gebracht werden. Dass gerade Frauen aus den unteren Schichten häufiger in solch prekäre Situationen gerieten und dann kaum die Behandlung erfuhren, die ihnen angemessen gewesen wäre, musste Bigna leider allzu oft erleben. Trotzdem hatte sie die Absicht, sich nun zumindest für einige Stunden von diesen trüben Gedanken zu verabschieden und trat an den Tisch der Bergbauexperten.

»Wollen Sie sich nicht zu uns setzen? Wir könnten eine kleine Aufmunterung gut vertragen!«, fragte Bigna vielleicht etwas hastig und schaute zugleich scheu zu Boden.

Ihre Kollegin hatte sie mit allen Kräften davon abzuhalten gesucht, da sie es nicht schicklich fand, Männer einfach unvermittelt anzusprechen. Aber Dario gab sich gelassen; zumindest ließ er es sich nicht anmerken, falls er von dieser ungewöhnlichen Kontaktaufnahme irritiert worden war, und er antwortete, dass es ihm durchaus Freude bereiten würde, bei den jungen Damen Platz zu nehmen. Seine Freunde tuschelten wie kleine Kinder, als er sich erhob, um den Tischwechsel vorzunehmen.

»Der Dario ist doch ein Schwerenöter. Er sollte sich wirklich nicht mit jeder einlassen!«

Dieser Kommentar erwies sich allerdings als völlig verfehlt. Denn während des restlichen Abends hatten Bigna und Dario nur noch Augen und Ohren füreinander und sie fühlten sofort eine tiefe Zuneigung. Dario schien nichts mehr zu gefallen, als ihren Ausführungen, die oft von einem hellen, inbrünstigen Lachen begleitet waren, zu lauschen. Neben ihrer Arbeit war zumeist von ihrem Großvater die Rede, bei dem sie ihre Freizeit und die Ferien verbrachte.

Ihr Öhi Ueli sei der liebste Mensch der Welt und er besitze einen kleinen Hof im Engadin. Ohne ihn fühle sie sich oft leer und allein. Sie vermisse ihn ungemein. Wenn sie als kleines Mädchen abends bei Gewitter im Bett gesessen und fürchterliche Angst verspürt hatte, sei er, der ihre Erziehung nach dem frühen Tod der Eltern übernommen hatte, an ihr Bett gekommen, um sie zu trösten und ihr Geschichten vom Waldgeist Ruedi zu erzählen, der besonders kleinen Mädchen beistand, damit sie keine Furcht vor Gewittern oder bösen Mächten der Natur haben müssten. Dieser Waldgeist sei bei solchen Unwettern ganz in ihrer Nähe und beobachte sie, jederzeit bereit, sie vor dem Sturm zu schützen.

Doreli, ihre Freundin, blieb während der ganzen Zeit recht zurückhaltend, warf selten einen kurzen Beitrag ein und räusperte sich ansonsten mit vielsagenden Blicken. Gegen Ende des Abends teilte sie Bigna jedenfalls ihre Antipathie gegenüber Dario mit. Bigna hielt dies für bloßen Neid. Sie hatte sich diesen Mann unbedingt in den Kopf gesetzt.

*

Die nächsten Monate standen ganz im Zeichen eines besseren Kennenlernens. Bigna verbrachte einen Großteil ihrer Freizeit damit, Dario von ihrer Arbeit, aber auch dem Wunsch zu erzählen, sich naturkundlich weiterbilden zu wollen. In dieser Richtung schienen sich beider Interessen zu berühren, denn auch er erfreute sich als Naturwissenschaftler an den Prozessen der Natur. Dabei hatte er in erster Linie neue technische Entwicklungen im Blick. Für die eher in die Heilkunde reichenden Vorstellungen Bignas konnte er sich weniger erwärmen, obgleich er sich bemühte, ihr zu folgen, wenn sie mit hektischen Gebärden von ihren Zukunftsplänen außerhalb Wiens schwärmte. Zwar hatte sie immer noch großes Interesse an der Geburtshilfe, doch der zunehmende Stress und die zähen Widerstände bei der Durchsetzung steriler und keimfreier Behandlungsmethoden setzten ihr und ihren Mitstreiterinnen enorm zu. Überdies machte ihre ungestüme Art ihr viele Feinde.

Hatte sie einmal zu erzählen begonnen, war sie kaum zu stoppen und Dario kam nur schwer dazu, selbst zu berichten: »Ich arbeite in einem Bergbauunternehmen und wir schürfen derzeit nach Amethysten«, behauptete er, indem er seinen dunkelschwarzen, wild wuchernden Haarschopf mit der Hand durchstreifte. »Dies ist eine schöne und produktive Arbeit. Amethysten gelten als Schmucksteine und sie werden weltweit begehrt. Neben unserer Schürfstätte in Maissau gibt es jedoch noch viele andere, etwa in Südamerika oder in Russland. Wir haben allerdings die größte auf der ganzen Welt.«

»Das ist interessant, aber muss man dazu immer wieder Sprengungen durchführen? Gibt es keine weniger rabiaten Methoden, um Natursteine und Erze zu bergen?«, fragte Bigna ernsthaft, ohne gönnerhaft zu wirken: »Ich lese seit einiger Zeit Bücher der heiligen Hildegard und auch sie hatte in einem ihrer Werke den Amethysten als besonderen Stein hervorgehoben, den sie allerdings weniger zu Schmuck- als zu Heilzwecken verwendete!«

Zu jenem Zeitpunkt suchte Dario derartigen Diskussionen noch aus dem Weg zu gehen. Er wollte dieser Beziehung durchaus eine Chance geben, auch wenn er Bigna in mancher Hinsicht für wunderlich und zu fortschrittskritisch hielt.

Dario hatte einige Jahre an der Bergakademie Freiberg in Sachsen studiert, der ältesten montanwissenschaftlichen Einrichtung der Welt. In der seit 1765 existierenden Institution ließ sich bereits Novalis über die Geheimnisse des Bergbaus instruieren. Neben den Fächern Mathematik und Chemie wurde besonderer Wert auf realistische Erfahrungen gelegt, sodass die werdenden Bergbauexperten sich in den modernsten Techniken der Grubenpraxis auskannten, um im Zweifelsfalle die Welt unter Tage lebend und unverletzt wieder verlassen zu können.

Zu jener Studienzeit, wohl im Jahre 1866, hatte Dario auch den Umgang mit speziellem Werkzeug wie dem »Gezähe« gelernt, das als Schlägel und Eisen bekannt ist. Bigna erläuterte er ausführlich und wie um ihre Vorträge zur göttlichen »Grünkraft« zu kontern, die Sachlage: »Der Schlägel ist ein besonderer Schlaghammer mit viereckigem Querschnitt und das Eisen ein meißelartiges Werkzeug mit spitzem Zulauf.«

Hinzu solle sie sich das »Geleucht« denken. Denn in mehreren Hundert Metern Tiefe, gerade in engen horizontal angelegten Schächten, den sogenannten »Sohlen«, benötigt man, wie er mit intensiven Gesten unterstrich, gute Beleuchtung. Obgleich Bigna mehrmals das Gesicht verzog, weil sie darauf bestand, dass Bergleute der Erde schadeten, ja ihre Ruhe massiv und nachhaltig störten, ließ er sich nicht beirren und setzte seine Rede mit zusätzlichen Erkenntnissen fort.

Früher war es nicht selten vorgefallen, dass man die Lichtquelle beim Einstieg in den Berg ständig habe neu entzünden müssen, da sie der leiseste Luftzug zum Erlöschen gebracht hatte. Im Laufe des 19. Jahrhunderts, so betonte Dario, wurden die meist noch offenen Lichtquellen jedoch durch geschlossene Lampen ersetzt. Die dazu seit 1839 nach ihrem Erfinder William Reid Clanny verwendeten *Clanny*-Lampen besaßen einen Glaszylinder, der erst vor kurzem mit hitzebeständigem Jenaer Glas ausgestattet war. Bisher verwandtes, schwächeres Glas hatte wegen der in diesem Gehäuse entstehenden Hitze den Nachteil, oftmals zu splittern, sodass nicht nur schwere Verbrennungen und Splitterwunden zu beklagen waren. Es konnte auch passieren, dass sich die Bergleute plötzlich in völliger Finsternis befanden und womöglich orientierungslos wurden.

Bei diesen Schilderungen suchte Bigna höflich zu bleiben, obzwar sie ihr schwindendes Interesse mit Mühe unterdrückte. Im Grunde war sie längst so weit, Dario unterbrechen zu wollen. An diesem Punkt kündigten sich für die Zukunft tiefgreifende Differenzen an. Er überspielte jedoch souverän ihre reservierten Gesten und meinte: »Ohne die neuen Werkzeuge wäre man oftmals völlig orientierungslos gewesen und ich bin sicher, dass ich ohne dieses spezielle ›Geleucht‹ heute nicht mehr leben würde.«

Er könne sich an einen Vorfall erinnern, als er im Juli 1875 in den Kohlengruben Kentuckys und Westvirginias als Sprengmeister tätig gewesen war.

»Da bist Du ja weit herumgekommen, wenn Du sogar in den Vereinigten Staaten gewesen warst! Ich dagegen habe neben Wien niemals etwas anderes als die Schweizer Berge gesehen!«, meinte Bigna ernüchtert.

Damals hatte er den Auftrag erhalten, eine Sprengladung mit Dynamit hundert Meter unter der Erde zu zünden, um an einem senkrecht nach unten führenden Blindschacht neue Sohlen anzulegen. Diese Querverbindungen sollten der Erschließung neuer Lagerstätten dienen.

Mit der *Clanny*-Lampe sei er mühelos in der Lage gewesen, besagte Ladung vor dem neuen Schachteingang anzubringen, damit mehrere Sohlen miteinander verbunden werden konnten. Aber beim Vorstoß in das Dunkel des Stollens habe ihn unvermittelt die kreatürliche Angst gepackt, dass ihm plötzlich und unversehens kein Lichtschein mehr zur Verfügung stehen könnte. Doch ohne autarke Lichtquellen sei die Arbeit mit solch gefährlichen Materialien höchst problematisch.

»Da war mir schon klar, wie hilflos wir Menschen angesichts des ungeheuren Desinteresses der Natur sind!«

Davon wollte Bigna allerdings nichts hören. Es gebe kein Desinteresse der Natur, sagte sie bestimmt. Die Natur sei voll göttlicher Unschuld. Ihr könne kein Vorwurf gemacht werden, zumal der Bergarbeiter in ihr inneres Gewölbe dringe und sie mit Sprengstoffen und Hämmern vergewaltige.

*

Zu Beginn ihrer Freundschaft hatte Dario solche Ausbrüche noch mit ironischer Gelassenheit zur Kenntnis genommen. Später wurde er wesentlich ungehemmter, als sie ihm Vorhaltungen hinsichtlich seines Berufes machte, ihre eigenen

Intentionen aber mit dem vermeintlichen Unterton höherer Einsicht verband.

Bei allen Unterschieden war ihr Interesse füreinander anfangs sogar noch gewachsen, weil Bigna von Darios Kenntnissen, ohne dass sie es zugeben wollte, eher fasziniert als abgestoßen war. Seine weltmännische und selbstbewusste Art, die Tatsache, dass er weit herumgereist war, rangen ihr großen Respekt ab. Sie schienen sich ideal zu ergänzen, indem er in ihr provinzielles Umfeld einen Hauch des Mondänen brachte.

Doch Dario hatte noch in Maissau gewohnt, weshalb sie sich nicht oft sehen konnten. Zudem war Bigna in großen Teilen Graubündens eine bekannte Persönlichkeit geworden. Sie hatte sich nach ihrem Umzug nach Sils-Maria im Frühjahr 1878 einen weithin hallenden Namen als Naturheilerin gemacht.

Häufig wurde sie abends noch gerufen, um verzweifelten Frauen bei schweren Geburten beizustehen oder Erkältungen, Bauchschmerzen oder Verwundungen nach Jagdunfällen zu behandeln. Inzwischen hatte sie ihr traumatisches Arbeitserlebnis einigermaßen bewältigt und wollte Gebärenden helfen, so gut sie es vermochte. Denn in der Gegend um St. Moritz war sie die einzige erfahrene Geburtshelferin.

Dario sah dies, wenn sie davon erzählte, nicht gerne, obgleich er nach außen meist keine Regung erkennen ließ. Sie spürte trotzdem seinen Unmut. Nicht immer konnte sie ihn daher besänftigen, wenn sie bei seinen seltenen Besuchen – zwischen Maissau und Sils-Maria sind circa 650 Kilometer zu bewältigen – über diese Vorkommnisse sprachen.

Bigna aber besaß die Gabe, ihre Schilderungen mit bildhaften Erwägungen zu verstärken, sodass sie ihren Eindruck auf Dario nicht verfehlten. Darüber hinaus versäumte sie es nicht, ihm gleich von Anfang an deutlich zu machen, dass sie eine Frau mit allerhand eigenwilligen Interessen war und sich nicht scheute, den Konventionen ihrer Zeit zu widersprechen. Davon zeugten nicht nur ihre ambitionierten naturmedizinischen Studien; auch ihr ausgeprägtes erotisches Interesse, das sie in einer burschikosen Interpretation Hildegard'scher Entdeckungen begründet fand, ließen den mit einer starren katholischen Moral aufgewachsenen Dario mehr als einmal zusammenzucken. Nicht nur, dass sie den Begriff des männlichen Geschlechtsteils öfter als ihm lieb war benutzte, ließ sie es sich ebenso wenig nehmen, bei entsprechenden zwischenmenschlichen Kontakten eine aktive gestalterische Rolle einzunehmen, was für die damaligen Verhältnisse äußerst ungebührlich und schamlos erschien, aber bei Dario keinen nachhaltigen Widerstand erzeugte und ihn dazu veranlasste, sich an die neuen Gegebenheiten rasch zu gewöhnen.

Sowohl die männliche als auch die weibliche Sexualität, so führte Bigna bei einigen Spaziergängen durch das Bergell aus, werde in Hildegard von Bingens Studien erwähnt, wenn sich »das Grünen der Bäume mit ihrer entsprechenden Frucht [...] im Samen wieder neu zeugte« oder die menstruierende Frau »aus der Grünheit der Bäche ihres Monatsflusses Blüten und Sprösslinge mit der Frucht ihres Leibes« hervorbrächte.

Der Embryo sei insofern als die natürlichen Prozessen entstammende Formkraft der Ewigkeit zu bewerten, die *vis aeternitatis*, welche mittels Barmherzigkeit, Demut und Liebe immer wieder bestätigt werden müsse. Mit diesen zarten Hinweisen bedeutete sie ihrem Partner, dass sie offensichtlich Gefallen an dem Gedanken fand, in allernächster Zeit schwanger zu werden, und ihn anregte, darüber nachzudenken, wie ein Leben zu zweit aussehen möge.

Dario war in solchen Momenten, die sich bei längeren Wanderungen ergaben, nur noch selten verlegen und er stellte sich nach und nach auf Bignas offenherzige und unverblümte Art ein. Dennoch behielt er sich ein nicht immer ernst gemeintes Einspruchsrecht vor, wenn seine Partnerin für seinen Geschmack zu weit ging: »Bigna, Du solltest manchmal etwas mehr an mich und meine traditionelle katholische Erziehung denken. Zu manchen Zeiten weiß ich nicht, wie ich Dir antworten soll, wenn Du mir mit solch überraschenden Einsichten begegnest!«

Sein Elternhaus hatte ihm stets eingebläut, dass man über *Derartiges*, wie es hieß, nicht reden solle. Das sei unschicklich und bringe einen nur durcheinander. Im Übrigen sei die Sexualität, selbst dieses Wort wurde streng gemieden, auf den Fortpflanzungsakt beschränkt und solle keinerlei Lustgefühle wecken.

Während sie sich in diesen Gesprächen öffneten, schlenderten beide ungezwungen nebeneinanderher. In einseitig raschen Schritt zu verfallen, geschah nur dann, wenn Dario Bignas Ausführungen in allzu heiklen Augenblicken zu entkommen und Abstand zu ihr zu gewinnen wünschte.

Unter normalen Umständen wollten sie jedoch kaum voneinander lassen. Bei diesen regelmäßig in heftige erotische Konvulsionen hineingleitenden Verbindungen umgab sie ein Meer von Düften und geheimnisvoll wirkenden Gerüchen, die im Sommer allerorts die Umwelt schwängerten. Dabei errang das sie umgebende Grün, erregten die sich schillernd formierenden Licht- und Stimmenspiele der Natur nur noch am Rande ihre ungeteilte Aufmerksamkeit.

Mit dem Nachlassen ihrer geschmeidigen, sich umeinander wiegenden Bewegungen kam jedoch die Nähe des Waldes zurück. Dann achteten sie wieder präzise auf dessen Rufe, die Bigna Dario intensiv zu hören lehrte. Inzwischen konnte er etliche Vogelarten am Gesang identifizieren, was ihm zuvor schwer- oder gar nicht aufgefallen wäre.

*

Mit der Zeit schwand allerdings seine Begeisterung für diese Art der Naturwahrnehmung. Sein Interesse als Bergbaufachmann rückte wieder in den Vordergrund und dieses bezog sich eher auf direkte Ressourcennutzung und weniger darauf, wie schön die Vögel sangen.

Noch gab er Bigna zuliebe vor, den Stimmen und Geräuschen des Waldes gerne zu lauschen, wie er zu jener Zeit mit einem Anflug gespielter Heiterkeit meinte. Doch im Grunde lernte er durchaus widerwillig, Baumarten und Insekten zu sortieren. Mit nachlassendem Ehrgeiz wusste er dennoch irgendwann fast absichtslos, an welch markanten Eigenheiten man den Großen Eichenbock vom Hirschkäfer unterscheide.

Dies war nicht nur eine Frage genauen Hinsehens, sondern auch der Einschätzung klimatischer und vegetativer Verhältnisse, für die Bigna wie keine andere einen »grünen Sinn« entwickelt hatte. Ihr Einfühlungs- und Empfindungsvermögen für die Abläufe in der Natur war geradezu phänomenal und sie konnte sich stundenlang über die vermeintlich belanglosesten Prozesse unterhalten, wenn sie nur naturgemäß und am richtigen Ort in die Ordnung der Dinge eingestellt schienen. Ob es die Brunftzeit des Wildes war, die nach gewissen vorgegebenen Rhythmen vor sich ging, oder ob von den Vogelschwärmen die Rede war, deren rechtzeitigen Abflug und präzise stattfindende Wiederkehr sie bewunderte; sie hatte stets neue Blickwinkel imaginiert, um die »lebendige Grünkraft« der *kosmischen Göttin*, wie sie diese Urkraft nannte, als Urheberin einer in der Natur anwesenden Vernunft bestätigt zu sehen.

Dass Wildschweine, Rotwild und Rehe oft zu einer schlimmen Plage wurden, wenn die Winter wärmer als normal oder die Raubtiere untätiger waren, dass es aber auch Zeiten gab, zu denen deren Bestände empfindlich dezimiert wurden, betrachtete sie als Kompensationsmechanismus eines überirdischen Schiedsgerichts, das in die Ereignisketten der Welt eingriff, damit sie gleichförmiger gediehen. Im Grunde, so führte Bigna aus, sei die *sprießende Hand der Schöpferin* jederzeit zugegen, um tüchtig gegenzusteuern, wenn das Arsenal der einen Naturkraft zu üppig und das der anderen zu gering befüllt gewesen war.

Die »lebendige Grünkraft«, von der Hildegard von Bingen oftmals geschrieben hatte, sei ein unaufhörliches Wachsen des Universums, eine ins Hier und Jetzt einbrechende, der Schöpferin Wirkmacht verifizierende Urgewalt sinnlicher Maßlosigkeit, eine Explosion positiver Energien, die der Welt des Menschen ständig neue Inspirationen gewähre. Bigna war von der unmittelbaren Anwesenheit der *Göttin* bei all diesen Erscheinungen grundsätzlich überzeugt. Sie glaubte fest an die das Leben heilende »Grünkraft« ihrer Werke. Der Kosmos sei in dieser Sicht ein flutendes Blühen unerschöpflicher Gestaltungsmächte.

Theosophische Exkurse und obskure *Besserwissereien* dieser Art, wie er Bigna vorwarf, hatte Dario gründlich genossen und endlich satt. Allmählich zeigte sich eine spürbare Distanz zu ihrer Naturphilosophie, die er harsch und unfreundlich begründete: »Dieses sich oft wiederholende Gerede über die lebendige Natur ödet mich an. Warum kommst Du nicht mal mit in einen Bergwerkstollen, um Dir die Aktivitäten unter Tage anzusehen? Vielleicht begreifst Du dann die Notwendigkeit eines produktiveren Umgangs mit unseren Ressourcen?«

»Was soll ich da unten? Ich bin lieber bei hellem Tageslicht unterwegs und muss nicht noch künstlich die Zeit der Dunkelheit verlängern, die abends ohnehin stets wiederkehrt!«, entgegnete Bigna verärgert.

Seine unverhohlen materielle Einstellung den Dingen gegenüber, der Wille zum robusten Zugriff auf die Schätze der Natur, ohne dessen Konsequenzen für die Bedeutung der Nachhaltigkeit des Werdens zu bedenken, kam nun unvermittelt und immer öfter zum Durchbruch. Dieses Gebaren stieß Bigna im Grunde ihres Wesens ab, obzwar sie diese Erkenntnis noch nicht verinnerlichen wollte.

Dario erwies sich immer deutlicher als nüchterner Pragmatiker, dem es darum zu gehen schien, die Welt in klare Schemata zu ordnen. Was sich in der Natur abspielte, galt ihm als unwichtiges Geplänkel untergeordneter Lebewesen und Phänomene, die einzig und allein zu dem Zweck existierten, den Menschen zu ernähren, ihn mit Energien zu versorgen oder ihm auf andere Art zu dienen.

Alle Anstrengungen, die Bigna dennoch unternommen hatte, um Dario für *naturseelische* Vorgänge, wie sie es nannte, zu begeistern, ihm einen Zugang in diese für ihn fremde Welt zu bahnen, waren wohl vergeblich. Inzwischen dachte sie, dass er sich anfangs nur auf diese Fragen eingelassen hätte, um sie herumzukriegen, und dass er gar nicht wirklich an den Themen Interesse gefunden hatte, die ihr ganzes Leben bedeuteten.

Dario erzählte hingegen gerne und oft von seinen Kameraden im Bergwerksuntergrund, von den tiefen Schächten und Stollen, die er mit seinen Männern in das *Herz der Erde* bohrte, wie Bigna insistierte. Er war schon an allen möglichen Orten dieses Planeten gewesen und hatte etliche Gefahren überstanden. Sein Beruf, der ihn auch als Sprengmeister forderte, bedeutete eine ständige Herausforderung und bisweilen recht ungewisse Risikoabschätzung. Nicht immer konnte er sich rechtzeitig vom Zündungsherd entfernen und musste dann mit weiten Sätzen hinter größeres Gestein oder hölzerne Balustraden hechten, die zur Sicherung errichtet worden waren. Einmal wäre er fast bei einer Sprengung in einem Kohleschacht bei Bochum ums Leben gekommen. Die Zündung hatte sich verspätet und er musste noch einmal aus der Deckung springen, um die Lage zu sondieren.

Bigna hatte dann völlig ungerührt und fern jedes Mitleides erwidert, dass er die Natur zu sehr gefordert und zu wenig darauf geachtet habe, ihr Respekt zu erweisen.

»Wie soll das denn gehen?«, fragte er entrüstet. »Soll ich etwa meinen Beruf kündigen und von nun an als Landwirt arbeiten, der allein darauf achtet, die Ernte seines Tagwerks einzufahren? Dazu bin ich nicht bereit.«

Solch abrupte Vereisungen beendeten ihre Gespräche zuletzt immer öfter und Bigna musste resigniert erkennen, dass er sich kaum bereit zeigte, sich ihren Gedanken wirklich zu öffnen. Beherrscht stellte sie sich auf die neue Sachlage ein und vermied zusehends, ihren Ideenaustausch auf krisenauslösende Themen zuzuspitzen.

*

Bigna hielt sich am liebsten in zwei größeren Bergregionen Graubündens auf, die jeweils über 2000 Meter hoch gelegen sind. Der Stazerwald befindet sich südöstlich, das Gebiet des God Plazzers nordwestlich von St. Moritz. Dort konnte sie jeweils dem nachgehen, woran sie ihre größte Freude hatte: die Pflanzen- und Tierwelt des Engadins zu erkunden, neue Kräutermischungen zu ersinnen und dem Tannenhäher, ihrem Lieblingsvogel, bei seinen Verrichtungen beizuwohnen.

Diese Vogelart war eine Symbiose mit der Arve eingegangen, einer Baumart, die man in diesen Höhen oft finden konnte. Der bis zu 30 Zentimeter große Häher ernährte sich vornehmlich von den Nüssen dieses Baumes und legte hunderte von Verstecken an, um überall kleine Nussreservoirs zu nutzen. Wenn Bigna den lauten und schnarrenden Ruf des Hähers vernahm, erfüllte sie ein unvergleichliches Glücksgefühl.

Überdies verströmte das Arvenholz des Stazer Waldes einen frischen, weder ganz süß- noch ganz herb-würzigen Duft. Nadeln und Zweigspitzen der Arve kommt eine gesundheitsfördernde Wirkung zu, die Bigna nach der Herstellung von Ölen und Salben für heilende Maßnahmen nutzte. Die bis zu 40 oder 45 Meter hochschießenden Arven besitzen eine beispiellose Langlebigkeit und können tausend Jahre problemlos überstehen. Sie sind wie ein sakrales Kammerspiel der Natur.

Bigna glaubte ihre spirituelle Theorie des Blühens durch Naturphänomene dieser Art maßgeblich unterstützt. Gerade im Stazer Wald, aber auch im Bereich des God Plazzers waren seit Urzeiten solch imposante Arven- neben ausgedehnten Lärchenwäldern zu bewundern. Ihre für den Menschen stupende Beständigkeit sei ein aus der unbegreiflichen Urgewalt der Natur emportauchendes atemberaubendes Geschenk der *kosmischen Göttin*.

Oft war Bigna in diesen Wäldern unterwegs gewesen, um weitere Pflanzen, neue Blumen und Kräuter, zu erforschen und in eine eigens verfasste Taxonomie einzuordnen, wodurch ihr Repertoire an Naturmedikamenten stets erweitert wurde.

Im Inneren des Stazer Waldes lag ein kleiner See, den sie neben anderen gerne aufsuchte, wenn sie in den Morgenstunden baden wollte. Alle Seen, nicht nur im Engadin, entwickelten ihre Besonderheiten. Allerdings wusste Bigna, dass sie nie bis zur Gänze würde erschließen können, worin diese bestünden. Klar erkannte sie, dass der Natur niemals alle Geheimnisse zu entlocken waren. Immer bliebe sie eine Dilettantin in der Ausforschung urtümlicher Wahrheiten. Doch ließ sie nicht nach, der natürlichen Gelassenheit dieser amphibischen Auren weiter nachzuspüren.

Bigna spekulierte darüber, dass Seen ein eigenes Wesen besäßen, das sich wie ein viskoses Kunstwerk in die Landschaft dehnte, um deren flüssige Plastizität in unschuldiger Neugier auszuschöpfen. Geraume Zeit hatte sie mit dem Versuch verbracht, einen hydrostatischen Rhythmus entdecken zu wollen, der ihr die Möglichkeit bieten sollte, genau zu erkennen, wann der eine oder andere See sich in seiner Natur gewandelt, wann er sein Wesen geändert hätte. Das schien ihr ungeheuer spannend zu sein. Allerdings trieb sie dieses Unterfangen bis an eine innere Grenze.

An diesem Morgen wählte sie nicht den Stazer See, sondern den *Lai Nair* zum Baden, ein südlich von St. Moritz gelegenes Gewässer, das ihr mitten im Hochmoor unberührtere, verwunschenere und geheimnisvollere Möglichkeiten bot als die meisten anderen Seen. Zudem war er nur schwer zugänglich und lag abgeschieden in den dichten Wäldern. Noch nie hatte sie hier Wanderer bemerkt, sodass sie auch an diesem Morgen glaubte, ungestört am Konzert der Sumpfschrecken teilnehmen zu können.

Deren Knipslaute wurden durch an den Hinterbeinen sitzende Enddornen erzeugt, die sie in längeren Abständen ruckartig über die Flügel streiften. Das leise schnippende Geräusch erinnerte Bigna jedes Mal an eine zwergenhafte Peitsche, die ihr Gehör besonders schärfen wollte.

Entrückt gebot sie allein sich selbst. Das Echo der Erinnerung erscholl auf einem Atoll eigenen Empfindens. Ihre Gedanken führten sie in eine Welt fallenden Tempos, *de*-rhythmisierter Zeit. Sie fand zu einer anderen Art von Besinnung, fühlte sich in dieser Abgeschiedenheit wahrhaft angenommen. Alle Erwägungen vollzogen sich allein im Raume der Geborgenheit.

Ein halbrundes, sich weit erstreckendes Blickfeld ergoss sich vor ihr in die ungeheure Bläue, in der leicht gezackte Wolken wie Federballen an den weißen Gipfeln der Berge klebten. Sich unbeobachtet und völlig frei wähnend, sprang sie nun unbekleidet in die kühle Wassertiefe hinab und tauchte Dutzende von Metern. Bartgrundeln und Kaulbarsche glitten an ihr vorüber. Obwohl sie eher die Dunkelheit mochten und tiefere Wasserschichten bevorzugten, schwammen sie Bigna entgegen. Einige Äschen starrten dem Schauspiel mit ovalen Augen zu, wobei ihre fahnenartigen Flossen in zartrhythmischen Wellen zitterten. Die kleinen Mäuler schienen sich vibrierend wie zu einem Plausch zu öffnen.

Bevor Bigna zum Luftholen wieder an die Oberfläche zurückkehrte, schenkte sie ihnen noch ein letztes Lächeln. Das war jedes Mal wie das ruppige Auftauchen aus einer unberührten Welt des Schutzes, die sie zugunsten eines Ortes fragwürdiger Konflikte wieder verlassen musste. Sie nutzte das Abtauchen als eine Art Katharsis von den immer beschwerlicher werdenden Auseinandersetzungen mit Dario, die sie sichtlich belasteten und ein stetes Gefühl der Unvollkommenheit und Unzulänglichkeit in ihr erweckten.

›Ich bin mir nicht mehr sicher!‹, dachte sie.

Bei allem schwindenden Glauben an eine gemeinsame Zukunft war ihr dennoch daran gelegen, Dario noch eine Chance zu geben und den Versuch nicht zu unterbrechen, ihn auch ein wenig an ihrer Welt teilhaben zu lassen, was ihr, das musste sie leider vor sich selbst gestehen, kaum noch gelang. Der Rückblick auf einen vorgestrigen Streit, den Dario unvermittelt begonnen hatte, verdeutlichte dies: »Ich habe keine Lust, mich auf Gespräche einzulassen, die mich nicht weiterbringen. Lange genug habe ich versucht, Deine Beweggründe zu verstehen; aber sie bleiben mir fremd, weil Du nicht verstehen willst, dass ich mein Geld mit den Rohstoffen aus der Natur verdiene. Du machst doch nichts anderes, bist demgegenüber aber verbohrt und bockig! Manchmal erscheinst Du mir wie ein kleines Kind, dessen Spielzeug ich bedrohe!«

»Was soll das heißen, ich sei verbohrt? Ich lasse mich von Dir nicht wie eine Heranwachsende behandeln! Kannst Du nicht wenigstens versuchen, mich zu verstehen? Was hindert Dich? Dein Egoismus? Deine ausufernde Selbstsucht? Ich begreife Dich nicht mehr! Du bist mir fremd geworden! Außerdem beute ich die Natur nicht aus. Ich nehme nur das heraus, was wieder nachwachsen kann. Du zerstörst sie jedoch mit Deinen Sprengungen!«

Seine Motive konnte sie nur in dem Sinne deuten, dass er ihre Partnerschaft beenden wollte. Denn immer öfter suchte er nur deshalb den Konflikt, um ihre Gewohnheiten als die einer rückständigen Hinterwäldlerin abzutun, die dem großstädtisch geprägten und weitgereisten Ingenieur nicht das Wasser reichen könne. Zwar gab er diese Vermutung niemals zu, doch merkte Bigna deutlich, dass der Zauber der ersten gemeinsamen Jahre zu schwinden begann.

Als sie dem *schwarzen See* entstieg, einem Gewässer, das durch besonders dichte moorige Ablagerungen Geist und Körper erfrischte, spiegelte sich darin das Massiv des Piz Corvatsch. Seine drei spitzförmigen, in das Wasser verwobenen, fast in ihm schwebenden Höhenzüge verglich sie mit einem dreihöckerigen Kamel, das im See schaukelnd wankte. Ein Bartgeier strich dicht über sie hinweg. Er schien ihr zuzuzwinkern, um ihr mitteilen zu wollen, dass er ihr Anliegen begreife.

Der auch als Lämmergeier bekannte Vogel ist der sichtlich größte dieser Region und schlägt mit seiner beeindruckenden Flügelspannweite von bis zu drei Metern selbst den Steinadler um Längen. Wenn Bigna ihn in seinem majestätisch dahingleitenden Flug betrachtete, mochte ihm dieser Umstand durchaus bewusst sein.

Das Unglück

Im Jahre 1845 hatte man in Maissau, 60 Kilometer nordwestlich von Wien, ein Amethystvorkommen entdeckt, das weltweit einzigartig war. In zwölf Metern Tiefe war ein Bergarbeitertrupp beim Abteufen mehrerer Blindschächte, die der Erschließung neuer Lagerstätten dienen sollten, auf ein vier Kilometer langes Amethystband gestoßen, das horizontal verankert ist.

Der Sprengmeister und Bergbauingenieur Dario Aebischer hatte am 24. August 1881 mehrere Löcher in den Felsen gebohrt, um etliche Sprengladungen anzulegen. Schießpulver und Sand wurden dazu eingefüllt und normalerweise entfernte er sich vor der Sprengung einige Meter vom Ort des Geschehens. An diesem Augusttag war es Dario jedoch nicht rechtzeitig gelungen, diesen Abstand zu gewinnen, da er kurz zuvor noch mit einer Eisenstange hantiert hatte, um Sand in eine der Öffnungen zu befördern. Irgendwie musste sich bei der Berührung des Eisens mit dem Pulver Letzteres entzündet und eine Explosion in unmittelbarer Nähe Darios verursacht haben, sodass sich ein circa zwei Zentimeter dicker und circa zehn Zentimeter langer Amethyststift aus dem Felsen gelöst hatte.

Das spitz zulaufende, fast keilförmige Geschoss durchschlug die rechte Wange Darios und verließ seinen Schädel nach dem Durchqueren des frontalen Cortexes am oberen Bereich der sensorischen Rinde. Das Schädeldach wurde zum Teil weggesprengt. An dem herausgeschleuderten Amethysten klebten Fetzen blutigen Hirngewebes.

Eine derartige Verwundung sollte normalerweise, so dachte man jedenfalls damals, unmittelbar zum Tode führen. Doch nichts dergleichen geschah. Nach kurzer Bewusstlosigkeit erwachte er mit einem tunnelartigen Loch in Teilen des Vorderhirns. Obgleich alle Beobachter davon ausgegangen waren, dass einen solchen Vorfall niemand überleben konnte, hatte sich Dario nach einer Phase der Benommenheit wieder erhoben. Schnellstmöglich wurde er zum nächsten erreichbaren Arzt gebracht. Denn der Amethyst hatte einige Splitter im Gehirn des Verletzten hinterlassen, die nicht zur Gänze entfernt werden konnten.

Der Unfall zerstörte Darios Hirn im linken Frontallappen einschneidend, jedenfalls stärker als die rechte Hemisphäre seines Schädels. Im Übrigen war der präfrontale Cortex mit dessen ventralen (vorderen) und medialen (mittleren) Abschnitten nicht verschont worden. Die lateralen (seitlichen) Bereiche, zumal die Sprachzentren in der Broca- und Wernicke-Region, schienen jedoch weithin intakt geblieben zu sein.

Rein äußerlich hatte er durch den fürchterlichen Vorfall kaum Schäden davongetragen. Zwar war sein linkes Auge dauerhaft blind, aber ansonsten konnte er seine normalen Aktivitäten wieder aufnehmen, nachdem der Wundkanal gesäubert, desinfiziert und ein sich bald einstellender Abszess beseitigt worden war. Der zuständige Arzt hatte es an nichts fehlen lassen, um Dario alle Behandlungen zukommen zu lassen, die er für nötig und angemessen hielt.

»Passen Sie auf, dass Sie sich in nächster Zeit nicht den Kopf stoßen und sich zu sehr anstrengen. Ich weiß nicht, wie sich selbst kleinere Stöße und Irritationen auf Ihre Wahrnehmung auswirken!«, meinte der Mediziner sorgenvoll und riet Dario zu höchster Achtsamkeit.

Insgesamt waren seine intellektuellen, sprachlichen und motorischen Fähigkeiten jedoch nicht beeinträchtigt. Der Fall belegte in einer für die neuroanatomische Wissenschaft grundlegenden Weise, dass es bestimmter Teile des Gehirns nicht bedurfte, um in seinen alltäglichen Verrichtungen weitgehend unbeeinflusst zu bleiben. Maßgebliche Neuroanatomen aus der ganzen Welt kamen nach Maissau, um den außergewöhnlichen Fall zu bestaunen und zu studieren.

Darios Krankheitsakte zeigte aber noch etwas anderes und sehr viel Entscheidenderes. Dass es Bereiche des Neocortexes geben mochte, die zumindest für die Aufrechterhaltung einer gewissen sozialen und moralischen Kompetenz zuständig waren, und gerade da hatte sein Gehirn bleibenden Schaden genommen.

Früher war er ein meist freundlicher und zuvorkommender Mann gewesen, der im normalen Umgang kein ungewöhnliches Verhalten zeigte. Nun aber waren öfter sprunghafte Reaktionen zu bemerken, die sein Verhältnis zu Bigna weiter belasteten.

Die schon bestehenden grundsätzlichen Probleme mit ihren naturkundlichen Überzeugungen spitzten sich derart zu, dass die bereits vor dem Unfall nicht ausgeräumten Meinungsverschiedenheiten unaufhaltsam in verletzende Dispute und Misshelligkeiten mündeten.

Dario wurde zunehmend launisch, unberechenbar, ja tückisch. Bigna hätte sich damit arrangieren können, dass er nur noch ein Auge zur Verfügung hatte. Denn seine sonstigen geistigen und körperlichen Fähigkeiten hatten kaum gelitten. Aber seine bisher eher mit gereizter Ironie vorgetragenen Kommentare zu Bignas heilkundigem Eifer wurden immer bissiger, zynischer und bösartiger. Kurz gesagt: Er war nach dem Unfall eindeutig ein anderer Mensch geworden. Seine inneren Einstellungen hatten sich gedreht. Er litt unter dissoziativen Schwankungen, konnte gar gewalttätig werden.

Bigna nahm diese Entwicklung nicht einfach hin. Eine Frau ihrer Selbstachtung wusste darauf, wenn auch unter sichtlichen inneren Kämpfen, mit klaren Worten zu reagieren. »Ich will lieber ohne Dich leben, als mich weiter in dieser Weise behandeln zu lassen. Entweder versuchst Du Dich zu mäßigen oder unsere Beziehung ist beendet!«

Worauf er nur ein Schulterzucken zeigte.

Natürlich war ihr bewusst, dass Darios Veränderung mit dem Unfall zu tun haben musste; dennoch konnte sie dies nicht als hinreichende Erklärung dafür akzeptieren, sich weiterhin derart beleidigen oder sogar bedrohen zu lassen. Darum dachte sie darüber nach, sich zu trennen, um sich selbst zu schützen. Ihre Liebe konnte nicht so weit gehen, sich seiner nun erheblich verwandelten Natur und den für sie daraus folgenden Konsequenzen zu opfern.

Schon malte sie sich ein Leben ohne ihn aus. Bigna hatte, wie sie durchaus mit ein wenig Stolz bemerkte, ein eigenes Verhältnis zu den Geschöpfen und Wundern des Engadins gewonnen. Sie war eine Naturheilerin aus eigenem Recht und eigenen Fähigkeiten geworden. Zu dieser Lebensweise brauchte es keinen Mann. Sie war auch schon vor Dario in der Lage gewesen, ihren Lebensunterhalt selbst zu erwirtschaften.

Trotz allem war sie noch nicht vollends bereit, sich gänzlich von ihm zu lösen. In schweren Seelennöten suchte sie Trost bei *Hildegard*, wie sie die mittelalterliche Naturheilerin zu nennen begann.

Denn Hildegard hatte im »Buch von den Steinen« erörtert, dass jeder Edelstein ein heiliges Feuer in sich trage und dass der Teufel beziehungsweise *das Böse*, wie Bigna still ergänzte, vor allen Edelsteinen zurückschrecke, sie innig hasse und verachte. Bigna wollte sich mit solchen Überlegungen beruhigen und hoffte, sich nicht darin zu irren, dass Dario sich vielleicht doch noch einmal würde fangen können, um auf den Weg der Rechtschaffenheit zurückzufinden.

In einer mystisch klingenden Selbsttherapie sann Bigna über Folgendes nach: Viele Edelsteine entstünden aus dem heiligen Feuer, worin das Böse selbst seine Strafe erdulden müsse. Denn das göttliche Licht, in das es gestürzt sei, habe es besiegt; auch könne es durch die lodernde Fülle des Heiligen Geistes überwunden werden, wann immer die Menschen durch schlechte Werke in den Bannkreis finsterer Mächte gerieten. Die heiligen Steine seien somit Kräfte gegen das Böse und schlimme Widerfahrnisse.

Bigna war an einem Punkt angelangt, wo sie intensiv mit sich selber haderte. Sie steigerte sich bei solchen Ausführungen, womit sie sich Mut zusprechen wollte, in eine sehr eigene Wiedergabe der Gedanken Hildegards hinein, da ihr der Vorfall mit dem Amethysten selbst ein Rätsel geblieben war. Dario hingegen, bei dem Bigna eine Art *Gegenzauber* durch die Verwendung eines weiteren Heilsteins bewirken wollte, lehnte jegliche Hilfe als »debilen Schwachsinn« ab. Obgleich sie Darios Widerstand spürte, hatte sie mit großer Zähigkeit an ihren Vorstellungen festgehalten und ihn bedrängt, dass er sich helfen lassen solle, da dem von ihr gewählten Calcit-Pulver, das sie aus Kalkstein gewinnen wollte, eine gewebeheilende Energie zuwachse.

Bigna beabsichtigte, Dario mit ihren Beiträgen aufzumuntern. Sie brach jedoch ab, als sie seine deutliche Abwehr bemerkte. In seinem jetzigen Zustand war er weniger denn je bereit, ihren Vorträgen, die kaum mit dem zu tun hatten, was ihn tatsächlich umtrieb, aufmerksam zu folgen.

Eigentlich hatte er sich mit den neuen Gegebenheiten schon arrangiert und wähnte sich durch ihre Heilmethoden als Versuchsobjekt missbraucht. Hildegards Weisheiten empörten ihn zusehends und er begann, Bignas Mitteln zu misstrauen. Zudem war er völlig desorientiert. Ihm war ein Amethystprojektil durch den Schädel gedrungen und nun sollte ihn ein anderer dieser mysteriösen Steine in gemahlener, salbenartiger oder anderer Form von seinen Bewusstseinsstörungen heilen können. Dies alles war doch nur normales Erzgestein. Wie sollte man Bignas Ansinnen also nicht für baren Unsinn halten?

Dario betrachtete die Erörterungen rascher Wirkungen auf den Heilungsprozess seiner Wunde und seines Geistes als fruchtloses Gerede einer versponnenen Heilerin.

»Warum bedrängst und beunruhigst Du mich damit? Ich weiß nicht, wie ich mit einem Loch im Kopf weiter leben soll, und Du erzählst mir irgendwas Belangloses von der Heilkraft magischer Steine! Doch wir leben nicht mehr im Mittelalter! Ich wende mich nun wieder an einen approbierten Arzt und möchte, dass Du mich mit Deinen Rezepturen in Ruhe lässt!«

Bigna konnte ihm auch nicht wirklich helfen. Ihre Bemühungen waren die schiere Bankrotterklärung vor einem ungeheuerlichen, ja beinahe unheimlichen Phänomen. Da stand ein Mann vor ihr, der tot sein müsste, der nach allem, was man bislang über solche Verletzungen in Erfahrung gebracht hatte, nicht mehr leben durfte. Das war unglaublich und wirklich erschreckend. Sie wusste nicht, wie sie damit umgehen sollte; zumal sie ihn trotz allem noch zu lieben glaubte. Auch immer wiederkehrende konfliktreiche Diskussionen hatten daran nichts ändern können.

Noch in den Wochen vor dem Unglück war Dario intensiv mit mineralogischen Forschungen beschäftigt gewesen. Er hatte sich auch nicht davon abbringen lassen, Bigna die Notwendigkeit des Bergbaus zu erläutern, den er deshalb für so bedeutsam hielt, weil ohne ihn kein technologischer Fortschritt möglich sei. Sie hingegen fand Darios Vorgehen problematisch, da es der Erde erhebliches *Leid* zufüge. Doch im Laufe der Zeit war sie durch die ständigen Dispute derart zermürbt worden, dass sie ihn gewähren ließ, ohne in ihrer grundsätzlichen Kritik nachzulassen.

»Dario, ich versuche Dich ja zu verstehen, aber Du musst begreifen, dass es mich betroffen und wütend macht, wenn Du Dynamit zündest. Denn ich glaube, dass Du eine besondere Harmonie im Kreislauf der Dinge unwiderruflich zerstörst!«

Ihrer Meinung nach sei die in den Berg gewaltsam vordringende Grubenarbeit ein Sakrileg, ein Verbrechen, das sich irgendwann räche.

»Aber Du nimmst Dir doch auch Steine und nutzt sie für Deine Zwecke!«, entgegnete Dario nicht ohne eine gewisse Logik.

»Natürlich sammle ich sie, aber die Steine, die ich verwende, stammen aus offen zugänglichen Höhlen, die niemand aufgesprengt hat. Wenn ich nach Gesteinen suche, dann nur nach solchen, die irgendwo herumliegen, die ich nicht mit dem Schlägel oder Dynamit aus dem Felsen löse!«

Ihre unterschiedlichen Ansichten begriffen sie immer eindringlicher als den beherzt zur Schau gestellten Ausdruck schroffer Unabhängigkeiten, was durch die kritische Distanz Bignas zum Bergbau untermauert wurde. Noch hielt sie an gemeinsamen Berührungspunkten fest, die zumindest darin zu bestehen schienen, das einst avisierte zukünftige Leben mit Kindern und Enkeln nicht nur als eine verschroben wirkende Vereinbarung zu betrachten. Erwies sich dies nun alles als fehlgeleitete Vision?

Dario war abgetaucht in eine Welt des inneren Verdrängens, der Abkehr von bisherigen Gewissheiten. Auch war er nicht mehr sicher, ob er sich Bigna, dieser – wie er immer öfter dachte – *seltsamen Frau,* überhaupt noch weiter so anvertrauen sollte, wie er dies bisher getan hatte. Immerhin glaubte sie, dass der Amethyst ein Heilstein sei, obgleich ihm ein solcher durch den Kopf »geschossen« war. Was sollte er von einem solchen Unverständnis und solcher Borniertheit halten? Dass sie weiterhin an ihrer bizarren Gesteinskunde festhielt und nicht verstehen wollte, dass er enorm an seiner Verwundung durch einen sogenannten »Heilstein« litt, war ihm nicht begreiflich.

Bigna blieb nichts anderes übrig, als sich in dieser Zeit auf sich selbst zu besinnen. Sie war keine Frau, die sich angesichts offensichtlich unumkehrbarer Prozesse mit Problemen belastete, die nicht zu lösen waren. Sie musste sich eingestehen, dass Dario nicht mehr der Mensch war, den sie vor Jahren lieben gelernt hatte. Er war, das hatte sie nun schmerzlich zu begreifen, ein Mensch geworden, der zu unberechenbaren Handlungen neigte.

*

In den folgenden Monaten machte Dario, obgleich er äußerlich wie genesen wirkte, einen irreversiblen Wandlungsprozess durch. Als Sprengmeister taugte er nicht mehr viel. Zwar konnte er noch sinnvolle Bemerkungen zu Erzen und Bergbautechniken liefern, doch in der Praxis schied er als verantwortungsvoll agierender Experte aus. Entweder war er fahrig während des Vorbereitens neuer Sprengungen, was allein schon gefährdend genug für andere war, oder er kam später als vereinbart zur Arbeit. Viele, die mit ihm bislang zu tun gehabt hatten, meinten, nun einen völlig anderen Menschen zu erleben. Der alte Dario existierte nicht mehr. Letztlich wurde ihm daher gekündigt.

Er war nach dem fatalen Ereignis des *durchschossenen* Kopfes eine Art *Mr. Hyde* geworden,[1] dem man nicht mehr recht trauen konnte. Bigna versuchte alles, ihn davon zu überzeugen, dass er ihre naturheilkundlichen Kenntnisse nicht völlig ignorieren solle. Womöglich könne er nicht wieder *der Alte*, aber doch soweit wieder hergestellt werden, dass seine seelischen Schwankungen Linderung erhielten. Mit letzten Kräften drang sie in ihn, ihr zu gestatten, sich

[1] Mr. Hyde ist eine Figur aus Robert Louis Stevensons (1850–1894) Werk *Der seltsame Fall des Dr. Jekyll und Mr. Hyde* (1886). Hyde ist der bösartige schizoide Charakter des Arztes Dr. Jekyll, der immer dann hervorbricht, wenn jener ein selbsthergestelltes und die Persönlichkeit veränderndes Getränk zu sich nimmt.

den Möglichkeiten jenseits der konventionellen Medizin nicht zu verschließen. Aber vergebens. Dario versagte sich allen weiteren derartigen Behandlungen. Bignas Wünsche blieben hoffnungsleere Träume, die mit der Wirklichkeit nicht übereinstimmten.

Die herkömmliche Medizin hatte zwar eine Sepsis verhindert und einen Abszess beseitigt. Zu mehr war sie allerdings nicht fähig und mehr erwartete Dario auch nicht. Sein vorheriges Wesen konnte sie wegen der Schwere der Hirnschädigung nicht wiederherstellen. Er begann, sich auf seine eigene Weise mit der neuen Lebenssituation auseinanderzusetzen und wurde zum Teilzeitkriminellen, der in Wien eine neue Existenz als Chef einer Hehlerbande zu etablieren begann.

Bigna erfuhr von alledem zunächst nichts und sie fragte zuletzt auch nicht mehr, woher er nach vielen Wochen denn nun komme, wenn er wieder Lust dazu verspürte, sie zu treffen. Dann wurde ihr die ganze Situation unerträglich und im Frühjahr 1882 sagte sie sich von ihm los.

Für Dario verschlossen sich endgültig die Türen zu einer Zukunft, die ihm die Rückkehr zu einer Lebensweise gestattet hätten, wie er sie vormals gekannt hatte. So fuhr er fort, sich in einer unheilvollen Weise zu verändern. Aus einem freundlichen und umgänglichen Mann wurde ein zusehends hinterlistiger, sprunghafter und zur Verstellung neigender Mensch.

Der Spinner

In Sils-Maria hatte sich in jener Zeit eine autistisch erscheinende Persönlichkeit aufgehalten, die alle nur als den »Professor aus Basel« kannten und den viele bald nur noch den *Spinner* nannten, weil er, oft mit Sonnenbrille und rotem Regenschirm ausgestattet, seine Unterkunft nur zu dem Zweck verließ, seine nähere Umgebung mittels eines zerschlissenen Notizblocks zu inspizieren.

Der *Spinner* gab sich zwar äußerlich freundlich, doch hatte man ihm rasch angemerkt, dass er auf nähere Kontakte keinerlei Wert legte. Ihm schien allein daran gelegen zu sein, sich inmitten der Natur seinen Gedanken hinzugeben. Der 37-jährige Sonderling war offenbar ins Engadin gereist, um für mehrere Wochen Gedanken nachzuhängen, die seiner Meinung nach von den einzigartigen Energieflüssen dieses Ortes unterstützt wurden.

Wie man der einen oder anderen seltenen Bemerkung entnehmen konnte, war er schon seit einiger Zeit nicht mehr als Professor für Altgriechisch tätig gewesen. Die Zunft der Philologen hatte ihm ihre Gunst entzogen, nachdem er in seinem ersten philosophischen Werk: »Die Geburt der Tragödie aus dem Geiste der Musik« die Behauptung gewagt hatte, dass Sokrates eine fatale Figur der Philosophiegeschichte gewesen wäre und bei Weitem nicht die Größe besessen hätte, die man ihr zugestehen wollte. Der eigentümliche Mensch hielt Sokrates für eine ungeheure Verirrung, einen Abszess der Logik, der die abendländische Wissenschaft in den Grundirrtum der Subjekt-Objekt-Trennung gezwungen hätte.

Nun hatte er sich im Sommer 1881 in einem Gasthaus eingerichtet, um weitere seiner, wie viele meinten, verschrobenen und aufgeblasenen Ideen zu produzieren, von denen eine, wie man glaubhaft versicherte, folgendermaßen lautete: Es gäbe eine Art Wiederkehr gleicher Momente, Augenblicke, Inspirationen, eine aberwitzige Form des Wiedersehens auf Erden nach wer weiß wie langen Zeiten. Unglaublicher, ja unglaubwürdiger hatte der Meinung dieser unbescholtenen Bergbauern nach niemand bislang je gedacht. Wenn, dann sähe man sich im Paradies Gottes wieder, aber doch nicht in diesem Jammertal voller Ungerechtigkeiten und schlimmer Widerfahrnisse.

Der *Spinner*, so hatte man durchweg die Überzeugung gewonnen, musste völlig aus der Welt gefallen und nicht recht bei Sinnen sein. Also ließ man ihn lieber seiner Wege ziehen, als sich auf unausgegorene Gespräche mit ihm einzulassen, die doch nur verstörend wirken konnten.

Friedrich hingegen, wie er oft zu sich selber sagte, gab nichts auf das Getuschel der Leute. Er vernahm es nur am Rande, wenn er von seinen ausgedehnten, stundenlangen Wanderungen zurückgekommen war und sich in seinem kleinen Hotel eingerichtet hatte. Dies geschah oft nur mit dem einen Ziel, die Nacht zu erwarten, die ihm oft Übelkeit verursachte, wenn er seinen furchtbaren Migräneanfällen zu widerstehen suchte.

Des Morgens erwachte er, gerade in diesen erfrischenden Höhenlagen, dennoch ausgeruht und voller Tatendrang. Dann nahm er seinen Notizblock in die Tasche, ergriff den roten Schirm, den die Menschen so absonderlich fanden, und strebte schnurstracks dem Silvaplanersee zu, wo er neue geistige Anregungen zu entdecken hoffte. Einmal hatte er tatsächlich das gefunden, was manche Leute für eine völlige Verirrung hielten und er die stete Wiederkehr des Gleichen nannte. Kurz nach diesem rauschhaften Ereignis schrieb er seinem alten Freunde Peter Gast am 14. August 1881: »*An meinem Horizonte sind Gedanken aufgestiegen, dergleichen ich noch nicht gesehen habe* – [...] *Die Intensitäten meines Gefühls machen mich schaudern und lachen – schon ein Paarmal konnte ich das Zimmer nicht verlassen, aus dem lächerlichen Grunde, daß meine Augen entzündet waren – wodurch? Ich hatte jedes Mal den Tag vorher auf meinen Wanderungen zuviel geweint, und zwar nicht sentimentale Thränen, sondern Thränen des Jauchzens; wobei ich sang und Unsinn redete, erfüllt von einem neuen Blick, den ich vor allen Menschen voraus habe.*«

Friedrich hatte nunmehr die Absicht, diesen Gedanken in all seiner Kostbarkeit und unendlichen Differenziertheit zu wägen und zu prüfen. Dafür wollte er die kommenden Jahre nutzen, zu diesem Zwecke immer wieder ins Engadin zurückkehrend, um die Magie jenes Ortes ganz in sich aufzunehmen und zu einem unerlässlichen Impuls seines weiteren Denkens werden zu lassen.

Mit diesen abenteuerlichen und vielen völlig wirr scheinenden Überzeugungen wollte er in Sils-Maria verbleiben, um seine Reflexionen zu ergründen, den inneren Verwerfungen und reflexiven Entgleisungen stets neue und andere Impressionen der Welterschließung zu entlocken.

Friedrich hoffte sich neu zu positionieren, wollte Raum gewinnen für das Wagnis des Denkens, die engagierte Erfassung des Ungeheuerlichen. Er wollte die Normen der Welt abstreifen, ihnen mit einem Gegenmodell begegnen, das Unbekannte erforschen. Regionale und reflexive Räume, äußere und innere Wanderungsbewegungen ließ er bei diesem geistigen Experiment verschmelzen. Dabei sehnte er sich nach Ruhe und der Gelegenheit, seine mentalen Labyrinthe zu erkunden.

*

Bei einer seiner ausgiebigen Wanderungen war er eines Morgens auf eine merkwürdige weibliche Erscheinung getroffen, die am Ufer des Silvaplanersees hockte und irgendetwas suchte. Normalerweise wäre er sicher an jener Frau vorbeimarschiert, doch hatte sie ihn sichtlich in ihren Bann gezogen.

»Wodurch nur«, fragte er sich, »wirkt dieses Weib so ungewöhnlich?« und dabei fiel sein Blick auf ihre Bekleidung, die völlig aus der Zeit gefallen schien.

Die verwirrend andere Frau hatte sich in die Schweizer Tracht des 18. Jahrhunderts gehüllt und wusste mit einigem Sinn für malerische Extravaganz, diese durch eigene modische Erweiterungen zu ergänzen. So entschloss sie sich bei ihren Kreationen meist zu einer Mischung aus klassischer Bündner Trauerkleidung und der dunkelbraunen Tracht des Saanenlandes, zu der sie entgegen allen Regeln Jettschmuck anstelle des sonst üblichen Silberschmuckes getragen hatte.

Der *Jett*, auch *Gagat* oder *Pechkohle* genannt, ist ein fossiles Holz, das als Halbedelstein gilt und sich im Übergang von der Braun- zur Steinkohle befindet. Er wird auch als *Schwarzer Bernstein* bezeichnet und in einigen Regionen der Schweiz als magischer Heilstein genutzt. Dabei soll er als Abwehrzauber gegen den bösen Blick Verwendung finden und die Trauer mindern.

Das seltsame Wesen, wie Friedrich dachte, trug unter seinem braunschwarz getupften Oberkleid eine sepiabraune Bluse, die einem prallen Busen sorgsam Raum gewährte. Zwei mit animistischen Zeichen gemusterte Kleiderbänder aus schwarzblauem Kuhleder spannten über dem Dekolleté, das sich ausdrucksstark vom Oberkörper löste. Eine sorgfältig ausgesuchte Kette mit Jett- und Amethyststeinen vervollständigte das unkonventionelle Äußere der wundersamen Erscheinung.

Friedrich sah die völlig in ihre Arbeit versunkene Frau lange an und fragte dann unverblümt: »Darf ich wissen, was Sie dort treiben?«

Diese eher ungehobelte Frage ließ sie keineswegs aus der Ruhe geraten. Vielmehr intensivierte die nicht ganz ins späte 19. Jahrhundert passen wollende Naturkundlerin ihre Untersuchungen des Ufergeländes noch, um womöglich, wie Friedrich nunmehr dachte, bestimmten Pflanzen auf die Spur zu kommen.

Endlich hatte sie genug von dem gefunden, was sie suchte, und begann, langsam sichernd, Blickkontakt mit jenem Menschen aufzunehmen, der sie so lange und ausgiebig angestarrt, ja beinahe angeglotzt hatte. Ihr war etwas unwohl bei dem Gedanken, nun auf diese irgendwie störende Gestalt reagieren zu müssen, die nicht weichen wollte und kaum dem entsprach, was sie für einen Mann gehalten hatte. Der etwa in ihrem Alter befindliche, doch älter wirkende »männliche Mensch«, auf diese Formulierung einigte sie sich mit ihrem Gewissen, wollte partout nicht darauf verzichten, ihren Aktivitäten zuzuschauen.

Aber im Grunde war sie eine Frau, die sich neugierig auf Menschen zeigte und auch diesem besonderen Exemplar gegenüber diese Einstellung nicht aufgeben wollte.

›Nun, dann muss es wohl sein!‹, dachte sie und gab dem Lauernden Auskunft über ihre heilkundigen Sondierungsmaßnahmen, die sie in alle möglichen Gegenden des Engadins und bisweilen darüber hinaus geführt hatte, um Kräuter zu finden, von denen sie überzeugt gewesen war, dass sie bei vielen Krankheiten und Gebrechen wohltuende Wirkungen auf Menschen hätten.

Brennnesseln dienten zur Blutreinigung, der Huflattich habe eine stark schleimlösende Wirkung und verhelfe Menschen zur Linderung ihres Hustens, auch nütze er bei Lungenproblemen. Dem Bärlauch entnehme sie eine die Darmflora regenerierende Funktion und der Frauenmantel wirke antiseptisch, entzündungshemmend; zudem kräftige er die Muskulatur der Gebärmutter bei Geburten. Die Hagebutte sorge für die Bewältigung von Fieber und Grippe, während Brombeertee Durchfall, Magen- und Darmkatarrh bekämpfe. Nicht zuletzt besitze die Teich- oder Seerose eine krampflösende und antibiotische Aktivkraft.

Friedrich hatte währenddessen längst aufgegeben, dem Redeschwall dieses bald nervend wirkenden »Frauenzimmers« zu folgen und wollte sich gerade umdrehen, als die Kräuterfrau ihn unumwunden dazu nötigte, sich nunmehr selbst ein wenig vorzustellen. Wenn er schon so dreist ihren Bemühungen gefolgt sei, brauchbare Pflanzen zu finden, und sie so distanzlos betrachtet habe, wollte sie wenigstens auch etwas über ihn erfahren. Denn sie hätte sich ihm ja nun des Langen und Breiten zugewandt und mitgeteilt.

Zu diesem Entgegenkommen sah sich Friedrich allerdings außerstande und er zeigte wenig Lust, sich weiter mit ihr zu beschäftigen. Seine Neugier und Risikobereitschaft, sich auf andere einzulassen, hatte ohnehin das notwendige beziehungsweise erreichbare Maß weit überschritten. Unter normalen Umständen wäre es nie zu diesem Aufenthalt am See gekommen, wenn er sich nicht dummerweise dazu herabgelassen hätte, mit dieser, wie er für sich polemisch insistierte, »einfachen Magd« zu sprechen.

Also machte er alle Anstalten, sich wortlos wieder auf den Weg zu begeben, als sie ihn laut angeschrien und sehr bestimmend »Halt!« gerufen hatte. Verblüfft hielt er inne und starrte sie nun endgültig verdattert, durchdringend und ratlos an. Denn er konnte ohne Brille kaum etwas sehen und an diesem Tag hatte er sie zu allem Überfluss in der Unterkunft zurückgelassen.

»Was bilden Sie sich eigentlich ein, Sie grober Klotz?! Ich erzähle Ihnen ausschweifend von Dingen, die Sie eigentlich nichts angehen, berichte Ihnen von meiner Heilkunde und Sie wenden sich einfach ab. Was soll das?! Höflich wäre es durchaus, wenn ich von Ihnen auch etwas in Erfahrung bringen könnte!«

Diese leidenschaftliche Ansprache hatte gesessen, und Friedrich wusste in seiner Unbeholfenheit nicht, wie er damit umgehen sollte. Er war den Umgang mit Frauen zwar gewöhnt, denn er ist von seiner Mutter und der Schwester jahrelang betreut worden und wird es noch. Doch diese Art des flegelhaften Benehmens konnte er nur schwer einordnen. Höchstens seiner Schwester Elisabeth würde er solche

Ausbrüche zugestehen, da sie ihm oft mit Wollsocken und warmen Hemden ausgeholfen hatte.

So sah er sich genötigt, diese Unverschämtheit zu parieren. Denn immerhin war er eine Zeitlang Professor für altgriechische Philologie gewesen und hatte sich einen wenn auch zuletzt umstrittenen Namen gemacht. Er brauchte sich von einer dahergelaufenen »Kräuterhexe« nicht derart anblaffen zu lassen.

»Gute Frau«, sagte er, »Sie sollten sich Ihre weiteren Äußerungen wohl überlegen! Meine Geduld ist nicht unerschöpflich, aber ich will Ihnen gerne zugestehen, dass Sie mich für eine gewisse Zeit unterhalten haben, bin aber nun nicht länger gewillt, mich Ihnen zu widmen. Guten Tag!«

Mit diesen Worten entfernte er sich umstandslos und bestimmt, jedwede weitere Äußerung der Angesprochenen nun ignorierend. Friedrich war es leid. Er überließ die Frau ihren anderweitigen Erkundungen und sich dem ewigen Werden der Dinge.

*

Einige Wochen später war Friedrich weit unterhalb des Corvatsch-Gipfels spazieren gegangen, als er zu seinem großen Missvergnügen ein weiteres Mal auf dieses Kräuterweiblein stieß, das ihm immer noch als ungemütliche Begegnung im Gedächtnis haftete. Inzwischen hatte er sie fast vergessen. Umso abgeneigter war er nun, als er ihr jetzt wieder gegenübertrat.

Sie ihrerseits bewegte sich ungehemmt und zielgerichtet auf ihn zu und fragte, ob ihn die »Grünkraft« des Kosmos auch so beindrucke, wie sie es bei ihr erreiche. In den Blättern der Bäume, den riesigen, moosig bewachsenen Felsformationen, auf den Wiesen und in den Auen finde man doch nichts anderes als die ungeheure Gebär-, Wirk- und Blühkraft Gottes und sollte man darum nicht vielmehr von einer *Göttin* reden?

Zunächst war Friedrich total konsterniert und er musste erstmal verschnaufen, aber dann fühlte er sich emporgehoben zu einer Suada des Hochgebirgsphilosophierens, wozu er ja auch in diese Region gereist war. Ausgerechnet diese Frau zwang ihn zu einer Entgegnung, wie sie sonst wenige bisher bewirkt hatten.

Erst einmal finde er es unverschämt, von ihr in dieser Weise angesprochen zu werden, zumal sie sich, seiner Meinung nach, im Anschluss an ihr letztes Gespräch nichts mehr zu sagen hätten. Im Übrigen sei ihre Meinung völlig veraltet, da er Gottes Tod längst erklärt habe und darüber hinaus alle Götter tot seien.

Es gebe nicht den geringsten Grund, an solch überkommenem Aberglauben festzuhalten und sich an Dingen zu berauschen, die den Menschen in prekärer und selbstverschuldeter Abhängigkeit hielten. Der neue Mensch, der »*Übermensch*«, wie er ihn bezeichne, benötige derlei zaubermagische Korsettstangen nicht. Er sprenge sie vielmehr beiseite. So müssten sich ebenso alle Vernünftigen endlich davon befreien, immer und immer wieder von neuem das Spiel der Pfaffen mitzumachen, das in alle Ewigkeit nur mentale Fesseln erzeuge.

Er jedenfalls gehe dieser ungeheuren Charade nicht länger auf den Leim. Er sei dazu auserkoren, sich dem zu widersetzen. Wenn man sich denn von etwas beeinflussen ließe, dann seien es die Dinge dieser Welt, die Natur, das kosmische »*Werden*«. Nichts anderes solle jemals wieder Besitz von ihm ergreifen, denn er habe, wie er ihr nun gestand, geprägt durch sein Vaterhaus, einst selber kurz davor gestanden, Theologie zu studieren und Priester zu werden. Auch er hätte dann den Irrsinn des alten »*Du sollst*« weiter mitgemacht und sich nicht geweigert, diesen schauerlichen Aberwitz zu unterstützen.

Nun sei er unwiderlegbar zu der Erkenntnis gelangt, dass der Glaube an das »*All als Organismus*« durchaus widernatürlich und genauso abzulehnen sei wie jener sture Gottesglaube, dem er nichts mehr abgewinnen könne. Das All sei tot und nur diesem toten, anorganischen Kosmos sei er verpflichtet, nur ihm gelte seine ganze Anstrengung, da die »*todte Welt* [...] *ohne Irrthum*« sei und er diese Sachlage nicht länger verbergen wolle.

Nachdem Bigna, denn keine andere als sie war während Friedrichs alternativer Predigt zugegen gewesen, dessen grundsätzlichen Bekundungen mit großem Erstaunen und Widerwillen gelauscht hatte, begann sie, sich endlich zu regen. Bislang äußerlich ruhig bleibend, aber mit beispielloser innerer Bewegtheit zuhörend, setzte sie nun zu einer Erwiderung an.

Der Kosmos, so führte sie aus, sei kein toter Organismus. Sie selber wisse es genau, da sie tagtäglich die Natur durchstreife und dabei Erfahrungen mache, die es völlig absurd erscheinen ließen, dass ihr eine unpersönliche, leblose Substanz entgegentrete. In den vielen Äußerungen natürlichen Lebens, ob im Tier- oder Pflanzenreich, ja selbst bei den wie tot wirkenden Steinen, die ebenfalls eine Heilkraft besäßen, trete eine starke impulsive Macht zutage, die nicht anders als göttlich zu bezeichnen sei.

Überall sei ein trächtiges Zeugen und Entstehen im Gange, eine sprießende Kraft des Werdens und Vergehens, ein schwangeres Überfließen des oder der Einen. Der Kosmos sei sinnlich weit gespreizt, das All daher ein üppiger Organismus, ein schöpferischer, sich bisweilen ungestüm ins Dasein wühlender dynamischer Akt des Gebärens und Blühens, ein Prozess steten wurzelhaft gründenden Keimens und Säens. Sie nenne dies alles das Werk der *Göttin* Natur.

Ob sie die Natur nun »Göttin« oder wie auch immer nenne, sei ihm ziemlich egal, entgegnete Friedrich. Er immerhin habe all diesem Aberglauben und diesen Wahngebilden entsagt, da sie nichts als Trugschlüsse einer sich selbst nach wie vor belügenden Menschheit seien, die endlich einsehen müsse, dass es weder Götter noch den Gott oder gar jene »Göttin« gebe, von der seine Gesprächspartnerin so hartnäckig überzeugt sei. Auch er wandere derzeit ständig wie sie durch die Gegend, erlebe aber nichts dergleichen, was sie zu erfahren wähne. Allerdings glaube er an »*die Gewalt der Triebe im Erkennen und nicht daran, dass die Vernunft als völlig freie, sich selbst entsprungene Activität*« zu begreifen sei.

Sie aber sperre sich dieser Einsicht, weil sie noch in altherkömmlichen Begriffsstutzigkeiten verwurzelt und zu verbohrt sei, um die Tiefe seines neuen und dynamischen Denkens begreifen zu können. Er werde niemals mit ihrer infantilen botanischen Spiritualität übereinstimmen. Unterschiedlichere Auffassungen als ihre beiden könne man sich kaum vorstellen. Die Belebtheit des Alls sei ein Lügenmärchen der abendländischen Metaphysik.

Bigna gab ihm darin verhalten Recht, dass das Erkennen ein sinnlich bewegender Akt der Selbst- und Fremdwahrnehmung sei, beharrte aber darauf, dass das All göttlich begabt und weiblich inspiriert sei, weil alles aus dem Geburtsprozess des Kosmos' rinne, der in unaufhörlicher Stringenz neues Leben schaffe. Nichts halte diesen schöpferischen Strom des Werdens auf, nichts deute darauf hin, dass diese Sprünge des Gebärens jemals endeten. Die ewigen kosmischen Prozesse seien von so eindrücklicher und immer wiederkehrender Potenz, dass es schon einen sehr vernebelten Verstand brauche, um all diese Schönheiten und Evidenzen nicht wahrhaben zu wollen. Er möge sich nur direkt umschauen und in die Natur hineinblicken, dann könne er bereits die Wahrheit ihrer Aussage bemerken. Jede Quelle, jeder Bach, jedes kleine Flüsschen verdeutliche und realisiere die Gegebenheit eines transzendenten universalen Lebensstromes.

Friedrich seinerseits konnte diese Ansicht nicht ohne weiteres stehen lassen und er konterte mit dem Gedanken der in alle Ewigkeit messbaren Zeit. Zwar scheine es ständige Bewegung zu geben, aber diese sei im Grunde tot, erstarrt, versteinert und schon ans Ende gekommen, bevor sie wieder starte. Das chronologische Empfinden sei nur subjektiv, eine Halluzination der Sinne. Alles gehe den immer gleichen Gang. Der Strom der Zeit sei eine Illusion. Die Menschen rotierten nur im Drehrad leerer Hoffnungen. Nichts werde wesentlich neu, geschweige denn mit klugem Blick geschaffen.

Das Dasein werde von einem toten Prinzip beherrscht. Alles komme nie wirklich in ein harmonisches Gleichgewicht, da alles immer wieder neu beginne. Schließlich hob er sogar an, Bigna in belehrendem Tonfall zu duzen: »*Dein ganzes Leben wird wie eine Sanduhr immer wieder umgedreht werden und immer wieder auslaufen – eine große Minute Zeit dazwischen, bis alle Bedingungen, aus denen du geworden bist, im Kreislaufe der Welt, wieder zusammenkommen.*« Gott, so sein Fazit, sei eine blumige Predigerchimäre, eine eunuchenhafte Ausgeburt des Theologenstandes, die in diesem erkalteten Kosmos keinen Platz mehr finde.

Die *kosmische Göttin* sei sehr lebendig, beharrte Bigna, und sie ließ es sich nicht nehmen, Friedrich darauf hinzuweisen, dass die universale »*Sanduhr*«, von der er rede, von jener göttlichen Inspiration durchweg zu neuen Rhythmen veranlasst werde. Ohne deren *naturseelischen* Hauch gebe es keine Welt, keinen Kosmos und kein Werden; alles würde tatsächlich nicht nur nicht durch irgendwelche Sanduhren, sondern gar nicht rinnen.

Friedrich war erstaunt ob solch störrischer Impertinenz. Er nannte Bigna eine falsche Prophetin, die keine Ahnung von der »*dionysischen Weisheit*« habe, so wie er sie gesehen habe. Das All sei in seiner steten Wiederkehr erstarrt und in leblosen Rhythmen verdorrt, die nur noch ausgeleiert ruckten; was sie sehe, sei nichts anderes als ein Schleier des Lebendigen, der die Grimasse des Todes verberge.

Im Übrigen sei die wahre Welt nur im Kleinen zu finden. Dort gelte es die anthropologischen Grundelemente wie »*Ernährung, Ort, Klima, Erholung*« zu beachten. In dieser »*Kasuistik der Selbstsucht*«, die er für notwendig erachte, lasse sich überhaupt erst das Große erkennen.

Nicht der »*Glaube an die Wahrheit*«, sondern allein die »*Lüge*« und der »*Irrtum*« seien »*göttlich*«. Gerade im Wissen um die Begrenztheit des Erkennens möge man zu einem neuen Wahrheitsbegriff gelangen, der sich jenseits der traditionellen göttlichen Erhabenheit offenbare. Sie irre in ihrem Glauben an das Göttliche, wenn sie es für die absolute, unhinterfragbare Wahrheit halte, da es diese als eine letzthin gültige gar nicht geben könne. Wahrheit sei immer im Werden begriffen und nie vollendet. Sie sei stets auf dem Wege, sei jederzeit ein Weiterfragen. Eine göttliche Entität aber bringe das Denken zum Stillstand, lasse es im Moment der scheinbaren Gewissheit erstarren und mache die Menschen zu bloßen Gläubigen.

Bigna begegnete dieser Herausforderung umstandslos und antwortete, dass sie das Kleine genauso wie das Große schätze, welches Friedrich in seiner Überheblichkeit nicht begreife. Er aber halte bedauerlicherweise den »*Irrtum*« und die »*Lüge*« für so bedeutsam, dass er dabei die unumstößliche göttliche Wahrheit aus den Augen verliere, in der Kleines und Großes zusammengefügt werde. Kosmische Harmonie ergebe sich nur in der Betrachtung des Ganzen als eines kooperativen Aktes der Schöpfung.

Im Übrigen könne sie bei der Beobachtung des Kleinen keine verblendete »*Selbstsucht*« erkennen, sondern nur die Freude am Entdecken der Schönheit dieser Welt. Er denke da entschieden zu egomanisch. So sei er auch nicht fähig, das wirklich Große zu imaginieren. Er bleibe ein selbstgefälliger und eitler Nörgler, der sich einbilde, ein großer Denker zu sein.

So trennten sie sich in durchaus polarisierter Haltung. Denn Bigna wollte nicht länger mit diesem Eigenbrötler streiten, dem sowieso mit guten Meinungen nicht beizukommen war. Sie brach die Unterhaltung ab, ließ den noch weiter Grummelnden, stur mit sich Redenden zurück und kletterte höher hinauf ins Corvatsch-Gebirge, innig hoffend, dort würden noch Silberwurz und etwas Hirtentäschelkraut zu finden sein. Zurzeit hatte sie wieder Patientinnen, deren

Menstruationsstörungen sie mit den blutstillenden und -gerinnungsfördernden Pflanzen behandeln könnte.

*

Friedrich saß in seinem Zimmer im oberen Geschoss des Gästehauses an der Via da Marias und blickte in den dämmernden Abend hinaus. Von hier oben wähnte er sich den Gipfeln seines Denkens und denen näher, die seit Urzeiten da draußen lagen. Er schloss die Augen, um die Begegnung dieses Tages zu bewerten.

Ihm war zunächst ganz und gar nicht nach »*Fröhlicher Wissenschaft*« zumute, wenngleich er dieses Kapitel seines Lebens schon länger aufgeschlagen hatte. »Das Weibsstück hat mich in einer noch nie erlebten Weise bedrängt. Ich komme einfach nicht zur Ruhe. Wie kann man nur so engstirnig an Dingen festhalten, die doch nun wirklich überholt sind? Der Gottesglaube hat ein für alle Mal ausgedient.«

Und welch merkwürdige Begriffe sie verwendet hatte: »Grünkraft«, »Theologie des Blühens«, »kosmische Göttin« – »Zum Lachen! Nein – eigentlich nicht zum Lachen, eher zum Weinen, wenn man bedenkt, dass die Menschen noch an solch überkommenen Hirngespinsten festhalten!«

Friedrich war ernsthaft betroffen. Er fühlte sich tatsächlich herausgefordert durch dieses »einfache Weib«, wie er immer wieder wie zur Selbstbeschwichtigung betonte.

Die alles Dasein durchdringende Dialektik von »*Erkennen-Wollen*« und »*Irren-Wollen*« werde bei dieser Frau zu einer trompetenhaften und zu nichts führenden Einseitigkeit. Mithin erkenne sie keineswegs die Bedeutung des gegenseitigen Bezugs von: »*Ebbe und Fluth*« oder »*Wille und Welle*«, die in einträchtigem Fließen den Lebensprozess entfalteten. Bleibe dieser aber nur einseitig willen- oder nur einseitig wellenbezogen, so »*ist Nichts mehr von der Welt übrig, als grüne Dämmerung und grüne Blitze*«, womit Friedrich Bignas Begriff der »Grünkraft« zu karikieren wähnte und dies mit einem glucksenden Ausbruch der Heiterkeit unterstrich.

Jenes »Kräuterweib« bevorzuge mit ihren begrenzten Sinnen das »*Erkennen-Wollen*«; Leben aber sei daneben und zuvörderst, sei weit mehr »*Irren-Wollen*«, weil nur an der Grenze der Wahrheit wahres Erkennen sei: »*Nicht die Welt als Ding an sich, sondern die Welt als Vorstellung (als Irrtum) ist so bedeutungsreich, tief, wundervoll.*«

Die schief argumentierende »Bergbäuerin« hingegen stolpere ins metaphysisch Missfällige und Aufgedunsene, verkenne dabei die Bedeutung der Autonomie des Realen, das sie nur durch die Brille ihrer eingebildeten »kosmischen Göttin« betrachte. Die werdende Wahrheit aber komme allein über unscheinbare induktive Geschehnisse zu uns, nicht wenn wir sie schon deduktiv aus einem göttlichen Gesamtplan herleiteten und voraussetzten.

Friedrich konnte es nicht fassen, dass sie ihm, *ihm*, dem Einzigen, dem originären und außergewöhnlichen Denker, der überlegenen Ausnahmegestalt widerstanden und boshafte Widerworte gewagt hatte. Das war unverzeihlich und durfte nicht einfach hingenommen werden. Dabei dachte er nicht wirklich daran, sich diesem »Frauenzimmer« noch ein weiteres Mal zu nähern und ihm die Möglichkeit irritierender Sprüche zu geben. Er dachte allerdings daran, seine philosophischen Exkurse mit noch größerer Anstrengung, noch durchdringenderem Engagement fortzusetzen, als er es bisher getan hatte. Er musste nun wirklich das aufklärerische »*Verhängnis*« der Menschheit werden, das er immer schon zu sein vorgab. Er musste der Philosoph mit dem Hammer werden.

Am weiten Horizont seiner kompromisslosen Anstrengungen tauchte nunmehr und endgültig die »*Götzen-Dämmerung*« auf. Der Hammer des Philosophierens sollte bald mit allem Nachdruck und schriftstellerischer Vergeltungswut geschwungen werden, um sämtlichen Götzen der Menschheit den Garaus zu machen, sie endgültig geistig zu entthronen. »*Eben damit bin ich auch ein Schicksal*«, betonte er und gab sich völlig selbstzufrieden.

Die Typen des »*Niedergangs*«, allen voran Sokrates und Platon, gelte es zu geißeln und die christliche Moral als das zu enttarnen, was sie sei: »*widernatürlich*«. Demgegenüber seien die natürlichen »*Instinkte des Lebens*« zu stärken, um dem »*Willen zur Macht*«, als einem die überkommenen Werte vernichtenden Prinzip, zum Durchbruch zu verhelfen.

Nach diesen inneren Tobsüchteleien war Friedrich beinahe besänftigt und konnte sich wieder besser auf seine üblichen Überlegungen konzentrieren. Nun freute er sich geradezu auf das morgendliche Mittagessen in der »Alpenrose«, wo er sich ein Kotelett mit Rührei zu bestellen pflegte und den weiteren Gang der »*Fröhlichen Wissenschaft*« bedenken wollte.

Neuorientierung

Während sich Friedrich im Jahre 1882 nicht in Sils, sondern in Italien und Thüringen aufgehalten und Lou Andreas-Salomé umworben hatte, begann sich im Engadin etwas Neues anzubahnen: die Freundschaft von Bigna und Jonas.

Im späten Frühjahr 1882 beobachtete Jonas seine Angebetete mit wachsender Erschütterung, weil er festzustellen glaubte, sie wirke noch abwesender als sonst. Irgendetwas musste sie ernsthaft bedrängen. Sie war nicht mehr die Frau, die er zu kennen glaubte. Da ihm diese Erkenntnis stark zugesetzt hatte und er sich über den Grund ihrer Veränderung nicht klar gewesen war, fasste er sich endlich ein Herz und wollte sie bei nächster Gelegenheit unvermittelt ansprechen.

Wenige Wochen später begegnete ihr Jonas nach einer erfolglosen Jagd bei seiner Rückkehr aus dem Stazer Wald. An diesem Sommermorgen hatte sie in einem See gebadet, einige Exemplare des geliebten Hähers beobachtet und sich noch lange mit der Suche nach speziellem Heilkraut beschäftigt, weil eine ältere Frau im Dorf unter anhaltenden Kopfschmerzen gelitten hatte.

Für solche Zwecke war sie immer mit einem kleinen Tragekorb unterwegs, den sie auf den Rücken geschnallt hatte, um ihn mit allem befüllen zu können, was sie im Walde fand und für notwendig hielt, besondere Heilkräfte zu entfalten.

Jonas sah sie einen von dicht herunterhängenden Zweigen

und Büschen überwucherten Weg entlangstreifen, durch den sie fast mühelos hindurchgeglitten war, ohne Blätter und Geäst allzu sehr beiseiteschieben zu müssen. Wie die pittoreske Gestalt aus einem Märchen tauchte sie vor seinen überraschten Augen auf, als ob sie mit dem Grün des Forstes verwachsen wäre. Sie trug ein dunkelbraunes Kleid und schwarzgrüne Wanderschuhe, ein Lärchenzweig steckte in ihren Locken.

»Du bist doch der Jonas Kälin!«, sagte sie mit unbewegtem Gesicht und wollte ihn gerade wegen seiner Waffe tadeln, als sie seinem festen Blick begegnete, der ihr Schweigen gebot. Er dachte angestrengt nach, was er ihr antworten sollte, denn eigentlich hatte er sie von sich aus ansprechen wollen. Nun aber waren die Rollen seiner kleinen Dramaturgie mit einem Mal vertauscht. Unwillkürlich musste er innerlich lachen, da sie ihn duzte, obwohl sie bislang nie mehr als wenige Worte miteinander gewechselt hatten.

Sofort anspringendes Vertrauen schien sich gleich einzustellen, eine noch unerschlossene mentale Landschaft tat sich plötzlich zwischen ihnen auf, die unbedingt betreten werden musste. Beide ahnten die schicksalhafte Bedeutung dieser Stunde.

»Darf ich Dich nach Hause begleiten, Bigna?«, fragte Jonas, ohne dies für unangemessen oder aufdringlich zu halten.

»Nein, ich möchte gerne unbegleitet weitergehen!«, hätte er als Antwort erwartet, aber es kam ganz anders: »Ja, das wäre lieb von Dir, mir ist nach ein wenig Unterhaltung. Den ganzen Vormittag war ich schon alleine unterwegs!«

Womöglich wäre ihm die erste Antwort lieber gewesen, wenn er gewusst hätte, was ihm zugemutet werden sollte.

Bigna nutzte die Gelegenheit, die Vorteile ihres bevorzugten Natursteins, des Amethysten, in den schillerndsten Farben zu schildern; dies umso mehr, als sie von dessen Heilkräften lange nicht mehr geredet, weil der Vorfall mit Dario sie davon abgehalten hatte. Diese ihr nun bewusst werdende Verdrängungsleistung hätte beinahe dazu geführt, dass jener Heilstein aus ihrem naturmedizinischen Repertoire und Gedächtnis gestrichen worden wäre. Doch jetzt brach die schiere Vermittlungslust aus ihr hervor. Jonas hatte keine Chance.

Bigna sprach von der Behandlung solcher Menschen, die alle Arten von Flecken in ihren Gesichtern hätten. Den Amethysten gelte es dann dazu zu verwenden, derartige Hautveränderungen zu bestreichen. Natursteine, die man über erhitztes Wasser halte, sollten von den aufsteigenden Dämpfen benetzt werden, um das Gesicht mit dem feuchten und erwärmten Stein zu reinigen.

»Können wir nicht mal von Dir reden? Ich weiß gar nichts von der Heilkraft solcher Steine und bin eher daran interessiert, zu erfahren, was Du tagtäglich tust!«, meinte Jonas, der nach einer halben Stunde ungehemmten Vortrags erschöpft gewesen war, fast schon zu direkt.

»Dann solltest Du mir noch weiter zuhören, denn in dem, was ich Dir schildere, besteht mein tägliches Tun!«, erwiderte Bigna, als ob sie keinen Widerspruch mehr dulde. Beinahe wäre die Unterhaltung an dieser Stelle beendet gewesen, hätte Jonas nicht nachgegeben. Offensichtlich lernte er schnell, sich auf ihre leidenschaftliche Begeisterung für die Naturheilkunde einzustellen: »Gut, gut, ich bin ganz Ohr und auf Deine weiteren Ausführungen gespannt!«

Ferner führte sie aus, indem sie ihm ein versöhnliches

Lächeln sandte, dass man bei häufigem Gebrauch dieser Dämpfe eine zarte Haut und eine ausgeglichene Gesichtsfarbe erhalte. Wenn jemand überdies irgendwo an seinem Körper aufgedunsen sei und sich unwohl fühle, sollte er den Naturstein befeuchten und die geschwollene Stelle damit berühren. Die Schwellung werde dann abklingen, weil die Wärme dieses Steines ungesunde Säfte unschädlich mache, die sich dort angesammelt hätten.

Jonas wollte gerne glauben, dass ihre Ausführungen ihn nur zu dem einen Zweck strapazierten, ihr Interesse an ihm und seiner Meinung zu signalisieren. Er sollte sich daher vielleicht in diesem Sinne verhalten.

Im weiteren Verlauf ihres Beitrags nahm ihr Tonfall zusätzlich Fahrt auf und wurde noch dynamischer, als sie ihm einschärfte: »Desgleichen sollte man bei Spinnenbissen und Läusebefall verfahren, indem man ein mit Amethystgestein erwärmtes Dampfbad vorbereite und sich dadurch von allen Läusen befreie.«

»Glaubst Du, dass mir ein Läusebefall unmittelbar bevorsteht?«, platzte es aber nun keck aus Jonas heraus, um Bigna ein wenig herauszufordern und ihr gegenüber anzudeuten, dass er nicht gewillt sei, sich weiter auf die Rolle des geduldigen Zuhörers zu beschränken.

Nun war er doch an einem Punkt angelangt, wo ihr Redefluss für einige Momente unterbrochen werden sollte, damit er die eigenen Gedanken ordnen konnte. Jonas hörte ihr zwar gerne zu, war bei ihren ungestümen Ausschweifungen aber drauf und dran, eine Ausrede zu erfinden, um einen anderen Weg nach Sils einschlagen zu können und sie einfach stehen zu lassen. Denn ihrem Redeeifer hatte er nichts Vergleichbares entgegenzusetzen.

Dennoch blieb er von Bigna gefangen. Je roter ihre Wangen glühten, desto klarer wurde ihm, dass er sie unmöglich verlassen konnte. Er hätte sich dies nie verziehen.

Nicht nur über Läusebefall und dessen wirkungsvolle Bekämpfung unterrichtete ihn Bigna. Gerne erzählte sie auch vom lodernden Farbenspiel des Amethysten, das sich mit dem Lichteinfall und dem Ort ändere, an dem er gefunden oder wie er gehalten wurde. Von sehr hellen Varianten ausgehend, schwankten dessen Fragmente und Schattierungen über leichte Rot- und Rosé-Färbungen bis hin zu einem fast dunkel wirkenden Violett. Eine einheitliche Farbgebung gebe es daher nicht. Dieser Heilstein sei von hellroten und dunkelvioletten Ausprägungen unterschiedlich stark, fast mäandernd durchzogen.

Durch die chromatische Verschwendungssucht der Natur werde nach Bignas Meinung die ungeheure Vielfalt göttlicher Ideen im Kleinen unmittelbar bewiesen. Überdies machten die Einschließungen in und am Stein selbst dessen besonderen Charakter aus. Denn jedes Exemplar habe sein unverwechselbares Charisma, seine elastische Aura, die zwar erstarrt erscheine, sich aber im langsamen, zähen Flusse bewege.

Jonas fragte etwas ungläubig: »Meinst Du wirklich, dass die Natursteine diese Kräfte haben und den Menschen helfen können? Ich bin da sehr skeptisch, obwohl ich, wenn ich ehrlich bin, in den Wäldern bisweilen eine Stimmung wahrnehme, die dem in anderer Weise entsprechen mag, was Du in den Steinen siehst. Der Wald hat durchaus etwas schillernd Verführerisches!«

»Natürlich muss man die Natur in ihrer Unterschiedlichkeit erkennen!«, beharrte Bigna. »Es geht mir ja nicht allein um die Besonderheit der Steine. Die sind nur Bestandteil eines kosmischen Ganzen. Alles hat seinen Sinn, wie es von der Natur gefügt ist. Jedoch muss der Zusammenhang, müssen die kooperativen Kräfte und Energien bedacht werden! Die Natursteine sind mir insofern wichtig, als ich mit ihnen den menschlichen Heilungsprozess als Teil eines göttlichen Planes begreifen kann!«

Die dabei zutage tretenden Veränderungen sähen allerdings nur wahre Heilkundige und Menschen, die tief in das innere Verständnis solcher Geheimnisse vordringen würden. Jeder Stein berge, je nachdem wie er magisch »befüllt« sei, einen eigenen Ladungskranz energievitaler Heilungsmöglichkeiten, die man nur erschließen müsse. Wozu es aber jahrelanger Studien bedürfe.

Jonas schwirrte inzwischen der Schädel ob dieser vielfältigen Erörterungen und er suchte Bigna mit einer Frage nach ihrem Lebensgefährten in eine andere Richtung zu lenken. Sie berichtete ihm schnippisch, dass diese Erfahrung längst hinter ihr liege und sie darüber nicht mehr reden wolle. Ab diesem Zeitpunkt wurde es bis Sils recht ruhig und beide erlebten ihre erste Krise.

Endlich waren sie im Silser Tal angelangt und Jonas durfte Bigna noch vor ihre Haustüre bringen, bevor sie sich verabschiedeten. Ihm war ersichtlich geworden, dass seine Kenntnisse in Natursteinen deutlicher Verbesserungen bedurften. Um demnächst mithalten zu können, musste er einiges tun. Falls sie sich überhaupt wiedersähen. Jonas war sich darüber gar nicht sicher und er glaubte schon, dass Bigna wegen seiner Frage beleidigt wäre, aber er sah sich glücklicherweise getäuscht.

Sie fühlte sich zwar etwas bedrängt, verstand diese Anspielung jedoch als Ausdruck eines näheren Interesses an ihr selbst. So verabredeten sie ein erneutes Treffen, bei dem sie gemeinsam in das Gletschergebiet des Morteratsch aufbrechen wollten. Denn Bigna liebte das Wandern genauso wie er.

Jonas hoffte nun, wie er sich an diesem Abend eingestand, mit ihr eine Frau gefunden zu haben, die er sein ganzes Leben lang gesucht hatte. Nicht nur seine Beobachtungen in St. Moritz sprachen dafür, sondern auch seine innere Stimme sagte ihm, dass sie und er ähnliche Einstellungen gegenüber dem Leben hätten. Dass sie ihm dennoch etwas kurios erschien, weil sie vielleicht zu enthusiastisch von ihren Steinen und besonders dem Amethysten schwärmte, wollte er ihr nicht verübeln. Sie war jedenfalls eine ganz besondere Persönlichkeit, eine zauberhafte Frau.

*

Doch nicht, wie gedacht, am Freitag dieser, sondern erst am Dienstag der darauffolgenden Woche sollten sie sich wiedersehen. Was darauf zurückzuführen war, dass sich Bigna wiederholt von Dario bedrängt sah, der zu einer echten Bedrohung in ihrem Leben wurde.

Obwohl sie ihm deutlich gemacht hatte, dass ihr gemeinsames Leben beendet sei, war er mehrmals bei ihr aufgetaucht und hatte sie massiv unter Druck gesetzt, indem er ihr mit der Zerstörung ihres kleinen Hofes drohte.

Zwar hatte sie sich bei den örtlichen Landjägern erkundigt, was man gegen solche Personen unternehmen könne, aber dort wurde ihr nur mitgeteilt, dass ihnen die Hände gebunden seien, solange kein sichtbarer Schaden zu verzeichnen sei. Man werde allerdings die Wiener Polizeibehörden informieren, um den Mann, der inzwischen als obskurer Hehler galt, genauer zu beobachten.

Bigna musste sich mit dieser Auskunft einstweilen zufrieden geben. Sie hoffte, dass das Thema sich von selbst erledige, wenn Dario einen gewissen Verfolgungsdruck spürte. Inzwischen konnte sie nur abwarten und schauen, was sich aus der neuen Bekanntschaft mit Jonas Kälin ergeben würde, den sie bisher nur als jemanden kennengelernt hatte, der sie von weitem interessiert wahrnahm, aber sich nie getraut hatte, sie anzusprechen.

Ursprünglich wollte sie in diesem Falle nicht wieder zu ungestüm vorgehen, sondern warten und sich mehr Zeit damit lassen, was sich ergäbe. Denn diese Vorkommnisse erlebte sie als recht zwiespältig. Jonas gefiel ihr sehr, aber das war bei Dario anfangs ebenso gewesen. Dann jedoch musste sie eine schmerzliche, herbe Enttäuschung erfahren. Nun wollte sie es nicht nur langsamer angehen; eigentlich war sie gar nicht an einer weiteren Beziehung interessiert. Bis zu dem Augenblick, als sie im Stazer Forst aufeinandertrafen. Plötzlich bemerkte sie, nein: Es durchfuhr sie ein ungewöhnlich starkes Gefühl der inneren Verbindung zu diesem gut aussehenden Mann, von dem sie bislang nur gehört hatte, dass er in St. Moritz bekannt und beliebt gewesen war.

Jonas aber, das wurde ihr jetzt bewusst, hatte sie von sich aus noch nicht einmal ansprechen müssen. Das besorgte sie selbst, indem sie, als sie unmittelbar aus dem dichten Wald trat, ihm fast in die Arme gelaufen war. Sie war völlig verwirrt, ja sprachlos darüber, dass sie in den Tiefen *ihrer eigenen Wälder*, so betrachtete sie etwas hochfahrend den heimischen Forst, auf jemand anderen stieß.

Die ersten Momente dieser Begegnung waren entscheidend für alles Folgende. Sie konnte sich offensichtlich vorstellen, sich wieder für einen Mann zu öffnen. Das war ihr selber nicht bewusst gewesen und machte deutlich, wie sehr sie sich in den letzten Monaten von der Welt zurückgezogen und in ihr Schneckenhaus verkrochen hatte. Völlig abgeschnitten von jeglichen engeren Kontakten, hatte sie sich eremitisch in ihrem Inneren verschanzt.

Jonas brach nun in diesen Schutzraum hinein wie eine befreiende Flutwelle männlichen Charmes. Sie war von seiner Unverfrorenheit entzückt und verstört zugleich. Als er sie nach Dario gefragt hatte, fand sie dies zunächst unangebracht, erkannte bei näherem Nachdenken aber, wie wichtig dieser unerhörte Vorstoß gewesen war. Sie wurde genötigt, mit einem qualvollen Abschnitt ihres Lebens endgültig abzuschließen. Das verdankte sie Jonas.

Nun wollte sie diese neue Bekanntschaft erst einmal auf die Probe stellen und hatte mit ihm vereinbart, in die Region des Morteratsch-Gletschers im Bereich der Bernina-Berggruppe aufzubrechen. Dorthin wollte sie mit ihm entspannt und ausgedehnt wandern. Sie hoffte, auch weiter in Erfahrung zu bringen, wie es um seine Toleranz gegenüber neuartigen Ideen bestellt sei, die sie in der Lehre Hildegards gefunden und weiterentwickelt hatte.

*

Beide waren Frühaufsteher, sodass es keine Probleme machte, dass Jonas Punkt 7.00 Uhr vor ihrer Türe stand.

Nach einer kurzen, fast schmallippigen Begrüßung, die sich auf die Frage beschränkte, wie gut man geschlafen habe, marschierten sie durch dichte Hochwälder und ließen Sils, rasch südwärts gehend, bald hinter sich.

»Hast du auch an Proviant gedacht oder werden wir uns von Beeren und Kräutern ernähren?«, fragte Jonas nach wenigen Kilometern forsch.

»Der Proviant besteht aus Beeren und Kräutern!«, gab sie zur Antwort und wartete auf eine Reaktion.

Jonas blieb eine Weile ruhig, wohl um sich zu sammeln, und bemerkte dann spitz: »Na das kann ja lustig werden! Wenn wir in ein paar kräftezehrenden Stunden durch den Berg gegangen sind, brauchen wir wohl etwas mehr als grüne Kräuter. Wie gut, dass ich mir einige Wurstweggli mitgenommen habe!«

Da Bigna Vegetarierin war, die ihre kleine Hofhaltung nur zu dem Zwecke des Verkaufs von Gemüse, Milch und Eiern betrieb, war sie zwar nicht glücklich über diese Auskunft, hatte sich aber ohnehin mit den Denkweisen ihrer Zeitgenossen abgefunden. Die wenigsten ernährten sich nur von Salaten und Kräutern. Bergbauern und Holzarbeiter benötigten im Wesentlichen eine deftigere Kost mit kaloriengesättigtem Fleisch, um die schwere körperliche Arbeit besser bewältigen zu können. Daran wollte und konnte Bigna auch nichts ändern. Sie hatte jedoch für sich selber einen anderen Weg vorgezogen, an dem sie konsequent festhielt. Wichtiger war ihr, ob Jonas sich auf sie einstellen konnte, ob er sich als bereit und wendig genug erwies, neue Beziehungsstrukturen durchdenken zu wollen und grundsätzlich andere Perspektiven einzunehmen.

Sie wanderten mit schnellem Schritt durch helle Kiefern-

und dunkle Fichtenschonungen, nahmen wechselnde Tier- und Pflanzenarten in Augenschein, zu denen beide gute bis sehr gute Kenntnisse besaßen. Mancherorts hielten sie jedoch, wie auf ein geheimes Kommando und ohne sich abzusprechen, regungslos inne, um die Stille des Waldes zu genießen, sie nicht in ihrer Lauterkeit zu stören. Dabei erforschten sie, wie ihre unmittelbare Nähe auf sie wirke, ob sie miteinander harmonieren, sich aufeinander einstellen könnten. In diesem Umfeld aus fahlem Licht und klopfendem Begehren tasteten sie sich sanft voran. Ihre Gedanken schwankten kurz und ruhten bald. Die Regungen des Waldes wollten mehr und mehr zu ihren eigenen geraten.

Sie umarmten sich in stillen Gebärden, sagten sich die ganze Welt, korrelierten sinnlich und schweigend. Ein jeder wurde zu des andern Liebesgruft, in der sie sich wippend umflossen, mit all ihren Sinnen umtanzten. Denn sie wollten sich nie mehr entkommen. Vibrierend gaben sie sich nach, entwanden sich, flüsternd, während der Atem des Waldes in ihnen pochte, jeder Begrenztheit.

Ein Häher krähte laut. Der Duft des Kiefernharzes und seiner Nadeln lag betörend in der frischen Morgenluft. Die Kiefer ist überhaupt ein Baum der Superlative. Sie ist mittels ihrer Nadeln in der Lage, Wasserverluste sowohl in wärmeren als auch kälteren Perioden stark zu reduzieren und kann in allen Breitengraden und Klimazonen der Erde existieren. Auch im Engadin gedieh sie prächtig.

Doch als die beiden hurtig und mit raschem Schwung an einer kleinen Gruppe älterer Bäume vorbeischritten, sah Bigna genauer hin und wurde seltsam blass. In der Krone einer dieser Kiefern befand sich ein merkwürdig struppiges, fast rundes Gebilde, eine Art Besen, der im Dach des Baumes stak.

»Schau mal, wie unheimlich!«, bemerkte sie verstört und lief rasch weiter, ohne dieses Erlebnis später noch einmal zu erwähnen.

Da sich der Wald an diesem Morgen noch in der Phase des Aufwärmens befand, erhaschten Bigna und Jonas, deren Augen sich häufig, aber schüchtern begegneten, auch einige Blicke auf scheue Waldbewohner wie Kreuzotter und Bergeidechse. Selbst ein Schlingnatterweibchen mit seinen Jungen war kurz vor dem Verschwinden in moorigem Grund zu entdecken.

Allmählich stiegen sie in höhere, weit über 2500 Meter gelegene Regionen jenseits der Baumgrenze hinauf, was für ihn kein Problem, für sie jedoch seit dem Tod der Eltern ungewöhnlich war. Für Bigna erstreckte sich hier ein besonderer Raum, weil sie die beginnende *Allmacht der Berge* spüre, wie sie Jonas sagte. Wo sich die menschliche Existenz allerdings nicht *krümmen* müsse, da der Mensch, seiner geistigen Beschaffenheit wegen, der Majestät der Berge ebenbürtig sei. Er begreife deren altehrwürdige Vollkommenheit, ihre einzigartige Verbindung zu etwas Höherem, das der Vernunft entgehe, menschlichen Sinnen aber durchaus zugänglich sei. Zudem erscheine ihr das Licht hier oben in einem noch großartigeren Ausmaß als in den Tälern. Es funkele wie ein Blitz aus Eis.

Wieder verharrten sie, schauten neugierig umher. In unmittelbarer Nähe der beiden Wanderer flog in hektischer Hast ein Steinschmätzer auf. Der überwiegend graufarbige Hochgebirgsvogel wies eine typisch schwarz-weiße Schwanzfärbung auf und rotierte mit den Schwingen so rasch, dass Bigna und Jonas ihm nicht mehr zu folgen vermochten. Der flügelschlagende Federbausch erhob sich aus einem dichten, mit hölzernen Stängeln und grünen Verstrebungen vernetzten Strauch, der neben einem Felsen wuchs, und wirbelte auf den sich weit öffnenden Horizont zu. Gebannt blickten sie nun dem flatternden Bewegungswunder hinterher, das mit schmatzend-klirrendem Gesang in die frühlingshaften Wolken stieg.

»Ob er sich gestört fühlte, weil er uns belauschen wollte?«, fragte Bigna mit gespieltem Ernst und erntete fragende Blicke.

Denn Jonas hatte damit zu tun, sich auf den Weg zu konzentrieren, da er bei dem zunehmend unsicherer werdenden Terrain kein Risiko eingehen wollte. Er war froh, dass er mit seiner neuen Freundin diesen Ausflug unternehmen konnte und sehnte sich danach, mit ihr bald an einem ruhigen Ort verweilen zu dürfen.

Als sie sich kurz vor dem Morteratsch-Gletscher befanden und auf seine weite weiße Fläche hinausblickten, eine in Eis erstarrte Zone der Ruhe und Gelassenheit, überkam beide das Gefühl unaussprechlicher Anmut und schierer Größe, einer Erhabenheit, die unvergleichlich ist. Die hellweiß und dunkelgrau wirbelnden Flächen, die tänzelnde Akrobatik der Farben leuchteten glitzernd auf in einer Phalanx schweigenden Werdens. Aus dem alpinen Fenster der Ewigkeit sah Bigna buntfächernde Farbströme fließen.

Eine Tetrachromatin wie sie besaß vier statt der gewöhnlichen drei Farbzapfen oder Lichtsinneszellen, optimal auf der gesamten Netzhaut verteilt, und konnte damit wie wenige andere Menschen, wobei nur Frauen diese Genmutation tragen, ein sehr großes Farbspektrum abdecken. Womit ihnen ermöglicht wurde, die Welt in einem rauschhaft bunten Spektakel zu betrachten. »Jonas, ich möchte Dir so gern beschreiben, was ich alles sehe, aber ich habe nur eine unvollkommene Sprache dafür. Die Welt ist ein fantastisches Kaleidoskop!«

»Mir reicht es, wenn ich Deine Freude sehe!«, betonte Jonas und küsste sie zart.

Bigna sah noch jenseits des Kobaltblaus und Butterblumengelbs, fernab des Methylrots Farbtöne in einem ganz eigenen sehsinnlichen Universum. Auch Violett konnte sie in mehreren Abstufungen erfassen, womit sie nicht nur den Amethysten, sondern ebenso andere Natursteine in einer großen Bandbreite erschloss.

Verzückt erlebte sie Wellen komplementärer Ereignisse, Rinnsale und Kleckse, miteinander verschmelzende Symphonien einer überschäumenden und buntfältigen Welt. Auch dadurch glaubte sie, sich zu ihrem naturkundlichen Tun und dazu berufen, mit der göttlichen Sphäre eine spezielle Verbindung einzugehen. Ihr Blick durchdrang den oberflächlichen Tüll der Farben, das netzartige Blendwerk banaler Sinnlichkeit.

Sie erschloss sich weit dahinterliegende polychromatische Horizonte, durchstieß den Schleier alltäglicher Wahrnehmungssperren, die der vergleichsweise groben Sicht des normalen trichromatischen Sehens entsprangen, weshalb es niemals in die Tiefen synästhetischer Räume vorstoßen würde. Menschen, Tiere und Pflanzen wollten ihr in einer berauschenden Vielfalt bildgewaltiger kubistischer Signale begegnen.

Bigna wähnte gar, in das Innere der Natur schauen zu können, den Geist der Berge zu begreifen, wenn sie ihnen so nahe war und wollte in jedem kleinen Farbdetail, in jeder winzigen synästhetischen Nuance die sinnliche Schöpferkraft der *kosmischen Göttin* erkennen.

»Ungeheuerlich, einfach ungeheuerlich!«, sagte sie in stiller Feierlichkeit.

Bei diesen Worten rückte sie ganz nah an Jonas heran und berührte ihn sanft mit ihren Lippen. Sie brannte darauf, sich mit ihm nackt ins ungeheure Blau des kelchblütenartigen Enzians zu stürzen, der sich zu tausenden im nahen Umfeld der beiden auf breiter Fläche ergoss.

»Die Schönheit der Natur wird nur von Dir übertroffen!«, sagte er mit überwältigtem Tonfall und zog sie mit seligem Lächeln an sich heran. Noch hatten sie nicht erlebt, was sie nun in einem ekstatischen Aufbranden ihrer beider Wünsche zu fühlen hofften. Das sinnlich überfließende Licht der Berge überflutete sie mit einem Strom orgiastischen Empfindens, einer Leidenschaft, die in dichten Wellen durch Muskeln, Nerven und Glieder zuckte.

»Jonas, Du hast mich gerettet! Ich glaubte schon, nie mehr in eine vertraute Zweisamkeit zurückkehren zu können!«, sagte Bigna erschöpft und glücklich. »Doch jetzt und nach diesem Ereignis möchte ich mein restliches Leben mit Dir teilen!«

Ihre direkte und unverkrampfte Art rührte von ihrer Überzeugung, dass beide Geschlechter gleichberechtigt seien, wobei sie sich auf ihre Mentorin Hildegard, die *prophetissa teutonica*, bezog. Denn eine Seherin und Prophetin sei sie nach Bignas Meinung allemal. Sie sah in ferne Zeiten, erkannte in der von Dogmen und ignoranten Einstellungen versperrten Welt des Mittelalters die Möglichkeiten, die den Menschen in der Zukunft gegeben waren, als quasi unentfaltete, unentdeckte und unerforschte Prozesse, die, sich aus embryonalen Stadien vorwagend, langsam voranschritten.

*

Als sie wieder im Tal angekommen waren, las Bigna Jonas einen Satz aus Hildegards Schriften vor, der ihr besonders wichtig war. Er könne als Resümee des hinter ihnen liegenden Tages gelten: »Das Licht, das ich schaue, ist nicht an den Raum gebunden. Es ist weitaus lichter als eine Wolke, die die Sonne in sich trägt. An diesem Licht ist weder Höhe noch Länge noch Breite zu erkennen. Es wird mir bezeichnet als der ›Schatten des lebendigen Lichts‹. Und wie Sonne, Mond und Sterne im Wasser sich spiegeln, so leuchten mir Schriften, Reden, Vermögen und gewisse Werke des Menschen in ihm auf.«

Im Glanze der *Göttin* und ihrer überzeitlichen Präsenz werde die mikrokosmische Welt des Menschen als eine in der überirdischen Transzendenz bewahrte Schöpfung begreifbar, die dem Menschen gegeben sei, ohne dass er selbst Zugang zur Quelle dieser jenseitigen Wahrheit habe. Die Schöpfung werfe ein *Schattenlicht*, wie Bigna im Anschluss an die mittelalterliche Evolutionstheologin bezeugte, das den Menschen nur vermuten lasse, welche gewaltigen Dimensionen sich im taghellen Horizont dieses Lichtes verbärgen.

Jonas begriff zwar nur die Hälfte dessen, was ihm zugetragen wurde, aber er versuchte, sich darauf einzulassen, indem er Überlegungen zur Nachhaltigkeit einbezog, die er von Carl von Carlowitz übernommen hatte. Demnach müsse der Mensch jederzeit danach trachten, sein Leben auf die Bedingungen einzustellen, die ihm die Natur vorgebe. Nicht er sei das Maß aller Dinge, sondern sie, wenn auch in ihrer unbewussten Totalität. Nur im Blick auf deren Erfordernisse könne der Mensch zu einem glücklichen, harmoniegeprägten Dasein finden. Gleichwohl verfüge nicht sie, sondern er über die Vernunft, diese Konstellation in rechtem Maße zu erhalten. Insofern solle der Mensch zum bescheidenen Lenker des natürlichen Umlaufprozesses werden, welcher auch in die besonnene Betrachtung und Organisation des nachhaltigen An- und Abbaus der Wälder münde.

Bigna stimmte zwar nicht völlig mit diesen Ausführungen überein, da sie in der Natur bereits den Geist der *Göttin* verspüre. Dennoch habe sie sich noch nie so verstanden gewusst, teilte sie Jonas mit. Mensch und Natur ließen sich sonach als Partner im diesseitigen Abbild des von der Schöpfung erzeugten *Schattenlichtes* begreifen. Ihnen sei eine dynamische *Naturseele* eigen, die beim Menschen bewusst, in der Natur unbewusst bleibe. Doch bildeten sie eine einheitliche Kraft, ein schier universales Flechtwerk reger Energien, das bei Mann und Frau zu einer leibseelischen Verschmelzung führe. Daher müsse man beide Geschlechter als gleichrangig begreifen.

Nach Hildegards Überzeugung, so führte Bigna gestenreich aus, denn sie verstand sich als eine Sprecherin der mittelalterlichen Theosophin, sei die Frau als gleichwertige »Spiegelgestalt« des Mannes zu verstehen, wodurch erst die Menschheit vollendet sei.

Dieser mittelalterliche Feminismus, so nannte es Bigna nicht, aber das war es, was sie meinte, lasse die Frau zur ebenbürtigen Partnerin des Mannes werden, seiner einerseits zwar »schwachen Dienerin«, zu der er andererseits gleichwohl emporschaue aus der »Nacktheit« seines aus »Lehm« gewordenen Daseins. Denn immerhin sei sie nicht aus purem Lehm wie der Mann, sondern aus dessen schon menschlicher Rippe erschaffen.

Über diese Stelle, da war sich Jonas sicher, müsse er mit Bigna noch einmal intensiver reden. Denn das Bild der *nackten Lehmgestalt*, die zur Frau emporschaue, konnte er als selbstbewusster Mann, der er mit Leib und Seele war, nicht ganz verinnerlichen. Darüber musste noch eingehend gesprochen werden. Keine Schwierigkeit hatte er damit, eine *nackte Lehmgestalt* zu sein, denn das stand in der Bibel, wohl aber damit, zu der Frau aufschauen zu sollen. Das war mit seiner Auffassung von Männlichkeit schlechthin nicht zu vereinbaren.

Zu dem klärenden Gespräch sollte später jedoch keine Gelegenheit mehr sein. Denn beide waren sich in den folgenden Monaten so innig zugetan, dass keine strittigen Themen mehr aufkommen wollten, zumal sie sich immer stärker aufeinander konzentrierten. Sie verbrachten einen Großteil ihrer freien Zeit damit, die Berge der näheren Umgebung zu erforschen und in Regionen vorzustoßen, die selbst ihnen noch unbekannt waren. Kaum ein Naturgeheimnis blieb ihrem beinahe juvenilen Entdeckerdrang verschlossen. Dabei kicherten sie lauthals, wenn sie Edelweiß kauende Steinböcke beobachteten, deren knotenartig geschwungene und bis zu einem Meter lange Hörner sie bewunderten. Gämsen sprangen sie, so gut sie konnten, hinterher, brachen aber ab, wenn sie glaubten, dass das Wild in Panik oder sie außer Atem gerieten. Der Sommer, selbst der Herbst verging wie im Fluge.

Mit Jonas hatte sie sich sogar vorstellen können, wieder

mit dem Klettern zu beginnen, obgleich sie immer noch vom tragischen Unfalltod ihrer Mutter beeinflusst war. Aber diesem Mann vertraute sie derart, dass sie sich von seiner Leidenschaft für das Bergsteigen neu inspirieren und mitreißen ließ. Sie wollte versuchen, sich nicht länger von der eisernen Klammer ihres Verlustes einengen zu lassen. Noch aber benötigte sie eine gewisse Zeit, sich mit diesem Gedanken wieder zu befreunden. Sie war jetzt 40 Jahre alt und hatte als Zehnjährige ihre Kletterpraxis abrupt beendet. Sicher musste sie erst wieder eine Zeitlang üben, angestaute Ängste beiseitelassen und neue Erfahrungen gewinnen, bevor sie derartige Aktivitäten realisieren könnte. Ohne intensives Training mit mehreren Schwierigkeitsgraden wäre dies sicher kaum zu machen. Doch Jonas würde ihr dabei zur Seite stehen.

In den Wintermonaten fuhren sie Ski am Morteratsch-Gletscher oder schossen über den Bianco-Grat des 4000 Meter hohen Piz Bernina. Dessen leuchtend weiße Gratschneide wird zu Recht als »Himmelsleiter« bezeichnet, denn beide fühlten sich nicht anders als inmitten einer unvergleichlichen Verbundenheit. Alle Berge im weiten Umkreis wollten sie umschirmen.

Dann fragte Jonas, ob sie ihn heiraten möge, worauf sie ihm sofort in den Armen lag. Als Termin wählten sie den 21. Juni 1883. Gleich zu Beginn des astronomischen Sommers sollte es sein. Sie würde nichts anderes akzeptieren.

Amok

Es war nun Mitte April 1883. Bigna und Jonas lebten schon wie ein Ehepaar zusammen, was die moralische Haltung des Dorfes in ernsthafte Irritationen geraten ließ, weil dessen Bewohner diese Lebensweise kaum akzeptieren wollten. Die Verliebten waren davon nicht zu beeindrucken. Sie setzten sich darüber hinweg. Jetzt waren sie oft in den Mooren des God Plazzers unterwegs, wo Bigna Kräuter suchte und Jonas nur noch deshalb mit der Büchse durch den Wald streifte, weil er seine baldige Frau beschützen wollte. Die Jagd betrieb er nur selten und gar nicht, wenn sie dabei war. Er hatte ihr versprechen müssen, nur solches Wild zu töten, das Verhaltensauffälligkeiten zeigte, wie einzeln lebende und unberechenbare Keiler oder bei Brunftkämpfen verletzte Rothirsche.

Bei alledem vergaßen sie ihre beruflichen Verpflichtungen nicht. Jonas wollte seine Sägemühle nicht völlig im Stich lassen und Florina bedurfte mit zunehmendem Alter einer besonderen Pflege. Bigna hingegen kümmerte sich mit großer Aufmerksamkeit und Sorgfalt um die gesundheitlichen Probleme der Dorfbewohner.

Kehrten sie abgekämpft und müde nach Hause zurück, also meist auf den Hof Bignas, wurde der Tag gründlich nachbesprochen, derweil die Naturheilerin oft zum Einsatz kam. Denn manchmal beklagte sich Jonas über Kopfschmerzen oder Abgeschlagenheit durch Arbeitsstress.

Da konnte sie ihn so umsorgen, wie sie es liebte, und Erörterungen über den Amethysten gehörten ganz gewiss dazu. Denn über seine Heilkraft gäbe es noch einiges zu sagen, worauf sich Jonas gern geschlagen gab, zumal er von den farbsinnlichen Anspielungen Bignas einerseits entzückt, andererseits verwirrt war, weil sie die chromatische Vielfalt in etlichen Nuancen wiederzugeben suchte.

Dieser Heilstein könne, wie Bigna oft dozierte, etwa auch als gutes Mittel bei Migräne oder allgemeinen Kopfschmerzen und Wetterfühligkeit zur Wirkung kommen. Einer alten Silserin habe sie vor einiger Zeit probat helfen können.

Bei all diesen Handlungen müsse es der erfahrenen Heilerin darum gehen, den einzelnen Menschen in seiner Unverwechselbarkeit anzusprechen. Günstige kosmische Energien sollen den Körper durchfließen, damit der Stein seine heilende Wirkung entfalten könne. Innere, oft auch geistig bedingte Blockaden und Sperren seien dadurch wirkmächtig zu beheben. Der gesamte Körper werde im besten Falle in ein zirkuläres spirituelles Gleichgewicht versetzt, wodurch die Selbstheilungskräfte ungehindert entsperrt werden könnten.

Ein Erfolg stellte sich alsbald auch bei Jonas ein. Kurz nach solchen Vorträgen und der Berührung durch den Stein waren die Kopfschmerzen weitgehend beseitigt. Der Schmerz schien wie weggeflogen.

*

Jonas hatte Bigna nun schon zwei Tage nicht mehr gesehen und er fragte sich, wo sie wohl geblieben sei. An ihren morgendlichen Lieblingsplatz im Stazer Wald hatte er bereits gedacht und sie dort gesucht. Doch sie war unauffindbar. Keine schriftliche Nachricht, kein sonstiges Lebenszeichen war zu vernehmen. Jonas war besorgt. Er hoffte, sie vielleicht in St. Moritz zu finden, wo sie bisweilen eigene Waren verkaufte und den Markt mit ihren Produkten bereicherte. Aber auch da konnte er nichts in Erfahrung bringen.

Schließlich war ihm in Sils mehr Erfolg beschieden. Der dortige Priester und Jesuit hatte Bigna vorgestern Morgen gesehen, als sie sich in Richtung des God Plazzers begeben hatte, um, wie sie ihm erzählte, Kräuter zu suchen und ein wenig die Stille genießen zu wollen.

Daneben war Pater Urs, so hieß der Kleriker, mehr daran interessiert, Jonas sein großes Leid hinsichtlich des »ungezogenen Menschen« zu klagen, der in der Via da Marias Quartier genommen und für einiges Aufsehen gesorgt hatte. Urs war vor allem entsetzt über die gotteslästerlichen Sprüche, die ihm vonseiten des »Professors« zu Ohren kamen. Dieser stelle alles in Frage, wofür er sein ganzes Leben lang eingestanden sei, behauptete der Priester sichtlich erschüttert. Er könne nicht verstehen, dass man derart ungehobelt über Gott reden und danach noch ruhig schlafen könne. Man dürfe solche Leute nicht frei reden lassen, da sie das gesamte öffentliche Leben vergifteten, die Grundfesten der Moral und der heiligen sieben Sakramente erschütterten. Wie um sich selbst zu beruhigen, zitierte er in eigenwilliger Verdichtung aus den Konzilspapieren von Trient: »Wer sagt, die Sakramente des Neuen Bundes seien nicht zum Heil notwendig, sondern überflüssig, der sei ausgeschlossen.«

Jonas hatte für diese theologische Elegie keinen Sinn und keine Zeit. Sie prallte mehr oder weniger wirkungslos an ihm ab. Er war mit seinen Gedanken woanders. Außerdem hielt er es, seit er Bigna kannte, eher mit einer ins Kosmische reflektierenden Naturphilosophie und solchen Einsichten, die den katholischen Kanon kritisch würdigten. Er bezeichnete sich nicht als gottlos, aber den klassischen Blick auf das göttliche Mirakel hatte er hinter sich gelassen.

Nun aber ließ er den verdutzten Priester stehen und machte sich auf, um Bigna zu suchen und ging mit festen Schritten in die von dichtem Hochwald geprägten Regionen des God Plazzers hinauf. Während die Bilder einer unnachahmlichen Naturlandschaft an ihm vorüberglitten, bei denen ihn die weithin sichtbaren Wipfel der wohlduftenden Arven und die Gipfel schneeweißer Gebirge begleiteten, ließ er die Anregungen und Bemerkungen Bignas gleich mit vorüberziehen.

Für sie galten alle Lebewesen, ob Tiere, Pflanzen oder Menschen, ja selbst Steine, als miteinander in einem kosmischen Regelkreis verbunden, da alles durch Wind, Wetter und Wasser den Kräften der Gezeiten, Jahreswechsel und natürlichen Rhythmen unterworfen sei. Sie sprach von einer universellen Kooperation aller Dinge. Alles existiere im Wesentlichen in sich ergänzender Gemeinschaft, wobei die einzelnen Arten jeweils für sie notwendige Überlebensnischen besetzten.

Pflanzen würden von der Erde durch ihr Wurzelsystem mit Grundwasser versorgt, um Menschen und Tieren als Nahrung zur Verfügung zu stehen. Insekten bestäubten wiederum Pflanzen, damit diese Früchte trügen. Wölfe planten nicht vorsätzlich die Ausrottung anderer Tierarten; sie wollten einfach nur überleben, und wenn diese Raubzüge Hirsch- oder Wildschweinpopulationen beträfen, wäre dies ein Ergebnis natürlicher Erfordernisse, die nicht mit humanen Erwägungen verglichen werden könnten.

Die Natur denke nicht über die kosmischen Gesetze und Grenzen hinaus. Das sei alleine der *Göttin* Werk. Nur SIE und in beschränktem Maße die Menschen besäßen die Einsicht, den Kosmos ideell zu entgrenzen, sich Gedanken über die Ewigkeit zu machen und ein Jenseits der Realität zu imaginieren.

Jonas hielt inne und lauschte in das lichtschluckende Dunkel hinein. Ihm war, als ob er Stimmen hörte; aber das konnte auch täuschen. Laute gab es im Wald genug. So verhielt es sich auch auf dieser Lichtung. Ein Rudel Rothirsche trabte in leichtem Lauf an ihm vorüber, scheinbar ohne große Hast oder Furcht. Er schien beruhigend auf die Tiere zu wirken, sagte er sich halb lächelnd. Der kleinen Hirschherde war dennoch eine gewisse Anspannung anzumerken, als würde sie schon in dieser Jahreszeit und sehr verfrüht die anstehenden Brunftkämpfe erwarten.

Einige größere Hirsche, wohl 10/14-Ender, begannen damit, sich von den jüngeren Artgenossen zu distanzieren. Es war ein malerischer Anblick, den üppig gestalteten Geweihen nachzublicken, die mit einem gewissen Stolz durch den dämmernden Forst getragen wurden.

»Aber wo ist Bigna?«, quälte sich Jonas ein weiteres Mal und seine Unruhe und Besorgnis nahmen zu. Er kannte in diesem Gelände die meisten ihrer Lieblingsverweilplätze. Doch nirgends konnte er Spuren von ihr entdecken. Der Wald gab keine Antwort auf seine bohrenden Fragen. Er ließ ihn allein mit der schwindenden Geräuschkulisse des endenden Tages.

»Vielleicht ist es ja so«, meinte er besänftigend zu sich

selbst, »dass sie diesmal für mehrere Tage ihren Studien nachgegangen ist?«

Manchmal hatte sie das Bedürfnis, länger als einen Tag den Wald zu durchstreifen, weil ihr etwas Ungewöhnliches aufgefallen war oder sie gleich an Ort und Stelle damit beginnen mochte, ihre Kräutermischungen anzurichten. Sie führte oft alle notwendigen Materialien und Instrumente mit sich, die sie für solche Maßnahmen benötigte.

Nachdem er sich ein wenig beruhigt und eingesehen hatte, in der einbrechenden Dunkelheit nicht mehr viel erreichen zu können, trat er den Rückweg an. Er wollte morgen wieder zeitig losmarschieren, um die Suche erneut aufzunehmen. Als er zu Hause angekommen war, verfiel er in einen unruhigen Schlaf.

Am frühen Morgen des nächsten Tages vernahm Jonas ein vertrautes Geräusch. Schnell sprang er auf und sah einen Tannenhäher, der an eines der Fenster klopfte. Der Lieblingsvogel Bignas erblickte Jonas und flatterte schon aufgeregt davon, als wolle er ihm etwas mitteilen. Sofort zog Jonas seine Wanderschuhe an und lief aus dem Haus, dem von Wipfel zu Wipfel hüpfenden Häher immer hinterher.

*

Drei Tage zuvor suchte und grub Bigna im God Plazzers nach frischen Kräutern und Wurzeln. Es war schon später Nachmittag, als sie mit Eifer begann, ein neues Medikament zu kreieren, das schlecht heilende Wunden besser versorgen könnte. Dafür hatte sie eine Substanz vorgesehen, die aus bestimmten Pflanzen und deren Ölen zu filtern war. Das stellte sich jedes Mal als packendes und spannendes

Experimentieren heraus. Sie ging deshalb davon aus, zwei Nächte hier oben zu verweilen. Im Frühjahr war dies nicht immer ohne Probleme. Sie müsste sich abends einen schrägen Holzvorbau anfertigen, hinter dem sie sich niederlegen konnte, um Wind und möglichen Regen abzuwehren. Innerhalb eines in der Nähe befindlichen Steinkreises, den sie selber anlegen würde, sollte ein kleines Feuer flackern. Ihre dichte Unterwäsche und eine flauschige Decke würden sie zusätzlich warmhalten, bevor sie auf den moosigen, mit Blättern, Gras und Zweigen präparierten Grund des Waldes sinken konnte.

Am übernächsten Morgen weckte sie wie tags zuvor das Zirpen der ersten Grillenmännchen, die sich nach Partnerinnen sehnten. Bigna hatte den gestrigen Tag damit verbracht, an ihrem neuen Medikament zu arbeiten und sich selbst von den Stimmen des Waldes kaum ablenken lassen. Sie wollte bald aufbrechen, um den Weg nach Hause anzutreten. Dabei erfreute sie sich an der vorüberhüpfenden, springenden und über sie hinwegfliegenden Tierwelt. Eichhörnchen kabbelten sich in den Wipfeln der Lärchen, Waldeidechsen jagten unter Fichten und Arven umher. Ein mächtiges Steinadlerweibchen zog über sie hinweg und alles lag friedlich eingebettet in die weiß glitzernde Bergwelt des Engadins.

Bei alledem bemerkte sie zunächst nicht, wie sich aus dem dichten Gestrüpp einer Fichtenschonung ein die nähere Gegend sicherndes Augenpaar schob, das sie schon seit längerem beobachtet hatte. Ein nervös wirkender Mann trat nun aus der Deckung und näherte sich Bigna von hinten. Dabei blieb er völlig geräuschlos. Sie aber konnte seinen Atem vernehmen. Ihr Gehör war durch die ständige Berührung mit der Natur hervorragend geschult und sie wusste, dass Gefahr drohte. Schnell sprang sie zur Seite, um dem Angreifer zu entkommen, doch der kräftige Mann hatte bereits zugepackt.

In wenigen Augenblicken lag sie gefesselt und fest verschnürt auf dem im Hintergrund grasenden Haflinger, den der Entführer an eine Kiefer gebunden hatte.

»Lass mich sofort wieder frei, Dario! Ich will, dass Du mich loslässt, Du armseliger Narr! Wenn Jonas von diesem Überfall erfährt, wirst Du Deines Lebens nicht mehr froh!«

Bigna war sichtlich aufgebracht und hatte größere Angst, als sie vor dem Angreifer zugeben wollte. Sie hatte zwar gewusst, dass Dario unberechenbar und zuletzt auch gewalttätig gewesen war, aber inständig gehofft, dass ihm die Einschüchterung durch die Landjäger und Wiener Polizei so zugesetzt hätte, dass er sie in Ruhe lassen würde. Davon war allerdings nichts zu bemerken.

Unvermittelt begann er nun zu reden und machte deutlich, wie sehr er sich in einer eigenen Wahnwelt verirrt hatte: »Unser gemeinsames Leben endet, wenn ich es sage, nicht wenn Du Dich aus einer kleinlichen und unbesonnenen Überreaktion gegen mich stellst. Nun aber ist es so weit. Ich bringe Dich in einen alten Stollen, den ich vor kurzem entdeckt habe! Dort wirst Du sterben! Denn Du hast unser Leben verpfuscht, indem Du Dich mit diesem aufgeblasenen Holzhändler eingelassen hast! Ich werde dies niemals zulassen!«

Der Wahnsinn seines durch den Unfall entstellten Gehirns war nun vollends ausgebrochen. Dario, der Bigna mit irren Augen ansah, versetzte seinem Kaltblüter einen heftigen Stoß und trieb ihn zur Eile. Denn er wollte es beenden.

Auf dem Weg zu dem besagten Stollen flog ihnen ein Tannenhäher entgegen, der Dario heftig attackierte, ihm Teile des Gesichts zerkratzte. Doch der wusste sich seiner Haut zu wehren und schlug den Vogel mit den Armen zurück, sodass er wieder in den Kronen der Bäume entschwand.

*

Nach einer endlos scheinenden Zeit gelangten sie zu einem alten Bergwerk in einer Region Graubündens, die Bigna unbekannt war. Sie hatte inzwischen überlegt, wie sie dem Irrsinnigen entkommen könnte, aber keine Lösung gefunden. Sie machte sich auf das Schlimmste gefasst. Dabei ging ihr Jonas nicht aus dem Kopf, an dem sie mehr hing, als sie sich vorher eingestehen wollte. Ihre Liebe war unverbrüchlich und endgültig.

Dario trug sie in den hinteren Teil des Stollens und lud sie unsanft auf dem kalten steinigen Boden ab. Der Aufprall schmerzte sie, was sie den Peiniger nicht merken ließ. Er sollte es nicht leicht mit ihr haben und schon gar nicht von ihrer Angst und ihren sehnsüchtigen Gefühlen wissen. Ihr Inneres sollte in ihren letzten Stunden nur ihrem Jonas und ihr selbst gehören. Sie sah ihn vor sich, sein sanftmütiges, vom Wetter und den Jahren geprägtes Äußeres, seine kräftigen, hellbraunen Hände, den sehnigen, aber dennoch feinnervigen Oberkörper. Sie begehrte ihn mit aller Leidenschaft und würde ihn mitnehmen in die von der *kosmischen Göttin* geschaffenen Tiefen der Transzendenz.

Dario bekam von Bignas meditativer Verabschiedung nicht das Geringste mit. Äußerlich blieb sie völlig unbeteiligt und zeigte ihm ihre größtmögliche Verachtung. Er drang nicht zu ihr durch, auch wenn er sie mit hässlichen Bemerkungen zu verletzen suchte. Sie schien ungerührt, ein Bild vollendeter Gelassenheit.

Diese Überlegenheit versetzte Dario schließlich in pure Raserei. Mit hochrotem Gesicht brüllte er sie an. Eigentlich hätte er sich noch mit ihr weiter unterhalten wollen und vielleicht sogar Gnade walten lassen, aber ihre in seinen Augen sture Abwehr ließ dies nicht zu.

Tobend schrie er: »Du hast mich nie verstanden oder verstehen wollen! Im Grunde hast Du immer auf mich herabgeblickt mit Deiner spirituellen Erhabenheit. Dein elender und spinnerter Hildegard-Komplex hat unsere Beziehung zerstört. Ich habe Deine stumme Verachtung nun endgültig satt!«

Eilig und wie von Sinnen kramte er einen Revolver aus der Satteltasche, den er mit einer selbst gefertigten Amethystpatrone geladen hatte. Dann schoss er Bigna in die Schläfe.

*

Viele Stunden später gelangte Jonas außer Atem und der völligen Verzweiflung nahe an einen alten unbekannten Bergwerksstollen, zu dem ihn der schon erwähnte Tannenhäher geleitet hatte. Jonas hatte den Vogel bisweilen aus den Augen verloren und sich regelrecht verirrt, sodass er einige Umwege in Kauf nehmen musste. Traurig saß der Häher auf dem Felsvorsprung des Eingangs und putzte hektisch sein Gefieder.

Die Dämmerung hatte bereits eingesetzt. Ein trockenes, hölzernes Schnurren war zu hören. In diesen Kiefernwaldungen musste zu jener Stunde mit dem schaukelnden, kaum sichtbaren und *geisterhaften* Flug des Ziegenmelkers gerechnet werden, der zur Jagd in kleinen Schwärmen aufbrach, um am Boden wandernde Ameisen, Termiten und solche Schmetterlinge zu suchen, deren Raupen den Kraut- und Wurzelbewuchs mochten.

Jonas betrat mit großer Unruhe das Innere des Bergwerks und drang rasch in dessen tiefere Bereiche vor. Er fragte sich, ob er hier endlich seine Bigna wiederfinden würde. Der Häher musste ihn nicht ohne Grund hierher geführt haben. Dann, einige Schritte weiter hinter einer scharfen Biegung bemerkte er sie, als sich der Stollengang zu einer kleinen Höhle öffnete. Wäre nicht längst erstarrtes, violett verfärbtes Blut aus ihrer Schläfe geflossen, hätte man sie für schlafend halten können. Sie lag angelehnt an einen leicht vorspringenden Felsen, der einem Sessel ohne Beine glich. Jonas brach zusammen.

Vier Tage später wurde Dario Aebischer in Rom auf der Flucht gefasst und in eine Nervenheilanstalt verbracht. Er hat sie nie wieder verlassen.

Wissenschaftliche Hilfen

Den kuriosen Fall des Phineas Gage beschreibt Antonio R. *Damasio*: Descartes' Irrtum. Fühlen, Denken und das menschliche Gehirn. Berlin 2015 (8. Aufl.)

Christian *von Hiller* berichtet über Hans Carl von Carlowitz in dem Artikel: Er hat die Nachhaltigkeit erfunden. (FAZ vom 1.03.2014)

Karl *Jaspers* informiert umfassend zu Nietzsche: Einführung in das Verständnis seines Philosophierens. Berlin, New York 1981

Eine Spezialistin für den kosmischen Aspekt in der Theologie der Hildegard von Bingen ist: Regine *Kather*. Die Kosmologie der Hildegard von Bingen. Freiburg (PDF-Datei) o. J.

Bei der Betrachtung vieler Naturphänomene ist unverzichtbar: Josef H. *Reichholf*. Das Rätsel der grünen Rose und andere Überraschungen aus dem Leben der Pflanzen und Tiere. München 2011

Über Friedrich Nietzsche gibt im Übrigen fundierte Auskunft: Rüdiger *Safranski*. Nietzsche. Biographie seines Denkens. Ffm. 2002

Wichtige Anregungen zur Naturphilosophie der Hildegard von Bingen entnehme ich einer Arbeit von Hanna *Strack*. *Viriditas* bei Hildegard von Bingen und ihre Bedeutung für eine Theologie des Blühens. (www.hanna-strack.de) o. J.